澳门口述历史丛书

文化公所
Hall de Cultura

一纸风行

澳门报贩口述历史

林发钦

主编

GUANGXI NORMAL UNIVERSITY PRESS
广西师范大学出版社
· 桂林 ·

一纸风行
YIZHI FENGXING

著作权合同登记号桂图登字：20-2016-215 号

图书在版编目（CIP）数据

　　一纸风行：澳门报贩口述历史 / 林发钦主编. —桂林：
广西师范大学出版社，2019.12
　　（澳门口述历史丛书）
　　ISBN 978-7-5598-1891-1

　　Ⅰ．①一… Ⅱ．①林… Ⅲ．①报业—新闻事业史—史
料—澳门 Ⅳ．①G219.246.59

　　中国版本图书馆 CIP 数据核字（2019）第 116745 号

广西师范大学出版社出版发行

（广西桂林市五里店路 9 号　邮政编码：541004）
　网址：http://www.bbtpress.com
出版人：张艺兵
全国新华书店经销
广西民族印刷包装集团有限公司印刷
（南宁市高新区高新三路 1 号　邮政编码：530007）
开本：787 mm ×1 092 mm　　1/16
印张：8.5　　　　　　　字数：120 千字
2019 年 12 月第 1 版　　2019 年 12 月第 1 次印刷
印数：0 001~5 000 册　　定价：45.00 元
如发现印装质量问题，影响阅读，请与出版社发行部门联系调换。

现代口述历史源于美国，后为保存"公众记忆"的历史记录方式。那么，怎么理解口述历史呢？中华上下五千年，无论是远古先民传说，还是春秋战国智者先贤口头传授并编撰成书的《论语》之类，抑或近现代各种形式的社会调查、媒体访谈，乃至老一辈人给子孙讲述的家庭渊源或个人往事，等等，都可以理解为广义的口述历史。

近些年随着越来越多人的关注，口述历史已不仅仅局限于"记录"，而是越来越注重对访谈员的专业培训，以及研究领域的专业规范。正如英国学者保罗·汤普森（Paul Thompson）所谓"用人民自己的语言把历史交还给人民"，说的就是口述历史在史料征集及现代史学研究上的专业性、规范性及平民性的特点。

在澳门历史研究中，口述历史日渐受到重视。2008年，为加强澳门学术研究，打造特色研究平台，澳门口述历史协会应运而生。协会的宗旨是团结专家学者和青年学生，利用科学方法，推进口述历史资料的采集、编辑和研究工作，并通过对民间私家著述和公私文书资料的收集、整理，促进澳门历史研究的发展，提升澳门的文化形象。澳门口述历史协会成立至今，深入不同的社区，开展了多项口述历史访谈，从新桥、下环、福隆、十月初五街到氹仔、路环，访谈不同阶层的澳门老居民数百人，以"社区变迁"和"行业兴衰"两个视角，透过受访者口述"亲历、亲见、亲闻"的回忆，从不同方面反映澳门社会近百年的历史发展，并保存了大量视频、音频、图片和文字，为保存社区历史、弘扬社区文化做出了一定贡献。

随着系列工作的推进，2016年，协会成为国际口述历史协会成员，还启动了"澳门口述历史访谈员培训计划"，壮大了澳门历史文化事业的团队。将口述访谈成果汇总出版，进一步扩大影响，是协会的当务之急。在将以往访谈成果汇总成"澳门口述历史丛书"（以下简称"丛书"）并已经出版了第一辑五本的基础上，现在继续推出第二辑的五本。这五本涉及博彩从业人员、报贩、士多店主、街头摊贩主以及旧区小店主等人物。以后还会陆续推出第三辑、第四辑。

从内容上来讲，本"丛书"涉及人物、家庭、行业、社区、风俗等专题，不仅补充了澳门现代史文字资料之不足，亦丰富了澳门历史。就早前对澳门历史研究情况的考察，澳门现代史最重要的史料实为口述史料，而非文字史料。现今在世的已过古稀之年的老澳门人，经历了抗战、新中国成立、澳门回归等重大历史事件，他们的集体回忆构成了一幕幕最真实、生动的澳门现代历史图像。

另一方面，"丛书"于内地出版，在提升澳门文化传播辐射力的同时，亦能深化两地的文化交流。纵观澳门出版物现状，内容呈现多元化，图书市场空间虽有明显发展，但还面临不少问题，具有澳门本土特色的书籍一直很难大量在内地传播。而此次"丛书"由内地出版社出版发行，是澳门口述历史出版物在出版地域、传播途径上的一项大突破。

随着访谈计划的持续开展，协会积累的访谈资料越来越多，澳门抗战老人的回忆、传统厨艺、校园回忆、风灾记忆，澳门的郑家大屋、红街市、福隆街区、望德堂，澳门的银行业、典当业，一个个鲜活生动的人、大量鲜为人知的旧时生活场景进入人们的视野，给人满满的新鲜感与感悟。

相信这些涉及澳门经济、历史、文化及社会生活等方方面面的鲜活的口述历史材料，以及文中所配珍贵的老照片，能很好地展现沧桑而又富有生命力的澳门风貌。

协会访谈团队已经在早年历练的基础上，进入访谈程序规范操作的阶段，从确定选题、访谈对象，协调员安排日程与预备工具，到访谈员现场访谈，协调员拍照、录音、录像，再到后期逐字逐句转录，形成规范的转录稿，从转录稿再到专题文章，理顺文字，增加大小标题，从而形成交付出版的初稿，都更加专业。图文并茂亦是丛书特色，除了选用现场图片，还会根据受访者提及的生活经历以及相关事情，尽可能地补充一些相关图片资料。本书即有部分图片为澳门著名摄影家陈显耀先生拍摄的现场作品，特此致谢。

附录"口述历史资料"是团队开展项目时的一些基本记录，例如受访者姓名、年龄、基本情况，访谈地点等，希望能够对此项目的整体面貌有一个清晰把握。

时光飞逝，当年接受我们访谈的不少人，已经不可避免地年长了许多岁，更有人已经永远地离开了我们。而当年我们协会这个由大学生、高中生组成的年轻的访谈员团队，如今均已经走进了社会，在不同的专业领域都有很好的发展。他们中有文博机构的公务员，有教师，有社会工作者，还有博士生。他们当年在口述历史协会所进行的口述访谈项目，对于他们更多地接触社会、锻炼提高他们的工作能力，有着莫大的帮助。更有一批一批的新人，经过专业培训后，加入协会的团队，为我们增添了新鲜血液，让澳门口述访谈的事业之树常青。

　　谨将本套丛书献给可爱的澳门，以及生活在澳门这片土地上的人们。

目　录

继续守着最后的阵地

谢焕强 何丽珍 口述

罗苑琪 整理

谢焕强与妻子何丽珍

谢焕强是谢强记的创办人，协作者是他的妻子何丽珍。两人从20世纪80年代开始经营报摊至今。在现今信息发达的年代，网络无远弗届，即使足不出户，只需要一个按钮就能知天下事。随着社会阅读习惯的转变，报摊经历时代淘洗，这些仅存的报摊将成为集体回忆。

20世纪80年代入行

　　我叫谢焕强，是谢强记的创办人，协作者是我的妻子何丽珍。1980年我到澳门找工作，经熟人介绍入行。开业之初，缺乏资源，摆摊的设备都是由捡来的废弃的旧桌子与木板铺垫而成。后来结识我妻子，我们俩不辞劳苦，夙夜匪懈，一直坚守岗位，合作无间。之后我们又用积蓄修造了一辆铁制的手推车，没有任何烟商赞助，花费全凭自己的劳力赚取。

　　20世纪80年代末，澳葡政府开始颁发小贩牌照，我们必须缴纳税项。但好处是：报摊位置固定了，并且随着城市道路规划，我们的摊档受惠而扩充，安全性有所提高，且没有了以往车辆横过乱撞的险象，同时还开放合

谢焕强与何丽珍正接受采访1

谢焕强与何丽珍正接受采访2

法卖香烟，增加了不同种类的货品。当时市政厅会定时巡查，核实持牌人身份，后期顾客都认识了我妻子，就再在牌照上加上妻子的名字，她便成为协作者。自1999年澳门回归以后，我们就不用再缴纳税项了，但要一年去一次民政总署办理手续。

平时我们凌晨3点多就起床，之后去报社与码头取报纸，妻子负责开档与卖报纸；即使是台风天，因为已经预订报纸，也要连夜领回。除了个别较大的传媒集团旗下的报刊可以退回之外，其他报刊无法退回，费用就自己一力承担。

我的报摊位于食店的旁边，又是街口位置，故人流量大。通常其他行

谢焕强与何丽珍的小贩牌照

家（同行）会挑选食店或商厦的侧面，因为那附近人流量大，对做报摊较为有利。听闻以前曾有些行家因为争夺较佳的位置而大打出手。

在行业内我没有听过术语，有时候商户会主动请求我们帮忙套宣传单，当作额外的报酬。

全靠热心的街坊帮忙

以往是报社休息我们才休息，不过很快就全年无休了。节庆时，都只是提早收工带孩子去凑热闹而已。以前孩子小，全靠热心的街坊帮忙照顾，带我两个儿子玩耍与用膳（吃饭）。尤其是大儿子，他当时在善心学校读书，是校车司机与校工帮忙接送他上学放学。我们对此实在无任感激，亦感到街坊之间的温暖。

年轻时的何丽珍与谢焕强

何丽珍与两个儿子及其他家人的合影

最令我们难忘的是2008年，娶儿媳妇当日我们仍照常营业。我妻子还记得当天是某间银行挤兑，满街都是人，我们很焦急，只好请亲友帮忙。到仪式开始之时，还请对方拖延时间，连街坊都取笑我们实在是太过勤力（勤劳）了。

一份报纸的价格由最初的五毫子逐渐演变成今天的五元。以前最畅销的一种杂志，要去高士德的代理商那里取货，大排人龙——之前有位熟客把全套送给我们留作纪念。通常最畅销的特刊是明星或名人逝世的报道，像翁美玲、张国荣、戴安娜等。而外文报纸市场较小，只有一至两位客人特别要求预订。

我们的客户光顾了几十年，即使有些搬往氹仔了，亦不时回来取报。他们都是通过银行过户，有个熟客从事银行业，他义务协助我们转账，节省我们排队的时间。我们从早到晚卖报纸都是同一价钱，并没有卖过"拍拖报"，除非快到收工时候，就会明说多送一份给顾客。

抛报纸上骑楼

我每日清早骑着电单车送报纸，逐家逐户走访，抛报纸上三至四层高的骑楼，日复一日，从未间断。我曾经把报纸抛进另一单位。报纸如果掉下来，我就再抛一次，最高能抛上四楼。很多用户没有信箱或信箱太小，所以只好抛上骑楼。有时候看实际情况而定，有些宿醉的人或上班繁忙时段都会等一等，待对方许可再送报纸。

报摊经营至今，曾遇过被无业人士偷单车的情况；亦有青年人偷书而当场被逮捕，请我去警局提供协助；还曾有一个相貌堂堂的人可能因赌输钱，夺取我报摊上的50元零钱，声称是"保护费"；等等。

然而，报摊的生意随着连锁便利店的林立而大受影响，一落千丈。为了争夺生意，连带要增加额外开销，购买大量的纸巾与胶袋随报纸一起赠送，令各位行家叫苦连天。因为便利店的出现，行业的生存空间日益减少。

我们孜孜经营数十年，深感行业日渐式微，是在夹缝中求生存，继续守着最后的阵地。现在报纸销量不太理想，尤其是星期日。我与另一位行家一起分摊报纸的数量，现在的收入大不如前，更有新桥的行家因为后继无人已交回牌照，光荣结业。

另外，《澳门日报》2014年7月19日报道的一起交通意外，说的就是我。我没有想过会这么严重，本以为可以继续送报纸，因为派报纸是我的职责，不过在此很感谢热心的女士帮忙报警。那次意外造成我手脚多处骨折，镶入螺丝，缝了二三十针。我年纪大了，现在伤口仍然隐隐作痛。对涉事司机与车主的诉讼已进入法律程序，虽然肇事司机起初不顾而去，但最终自首。由于对方有关车辆保险的手续较为含糊不清，现交由律师全权处理，接下来会上法庭仲裁，希望获得公正公平的判决，还自己一个公道。

知足常乐

做我们这个行业，基本上没有假期，休息时间又少，即使台风天也要取货。因为必须对客户负责，节庆也是在工作中度过，只有当报社休息时我们才能够跟着休息。我们一生的青春都投放在报摊工作上，现在的心态是平常心。我的两个儿子皆没有继承我们工作的意愿，一来是因为没有前景，二来是工作时间太长，所以他们都表示待我们退休之时，就把牌照归

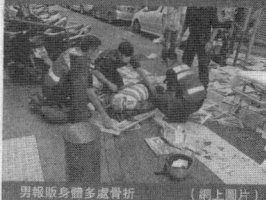

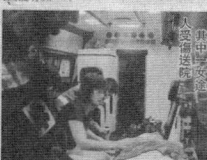

《澳门日报》2014年7月19日有关这起交通事故的报道

还给政府。虽然无奈，但报贩业已成夕阳行业，无利可图，当然不能吸引新一代加入并得以延续。

我们夫妻俩30多年风雨不改，辛勤耕耘，刻苦耐劳，但是行业销售价钱与销量不断变化，再加上连锁便利店林立，竞争激烈，网上阅报流行等因素的冲击，我们的生计受到极大的挑战。尽管如此，可喜的是，我们依然真切感受到街坊邻里的真情。我们彼此关系友好，甚至连我们的小孩他们亦自发帮忙照顾，令我们很感温暖，只能借此机会表达感激之情。事实上，社会的急速发展，不知不觉已经淡化了昔日那份纯朴睦邻之谊。过往街区的邻居守望互助，还有孩子跟随父母在摆摊的纸皮箱内长大，这样的景象是下一代难以想象的。

值得一提的是，上一代的人往往知足常乐、敬业乐业，即使日子再艰辛，仍卖力付出。但现今世代的很多年轻人，已经无法做到了。

现在平日里，我们时常与街坊谈及以往的岁月，分享昔日的趣闻轶事。回味当年的点滴，别有一番温暖在心头。

谢焕强夫妇与采访者合影

下环街琼姐

陈瑞琼 口述

骆嘉怡 整理

陈瑞琼

陈瑞琼，1979年入行，辛苦卖报30多年，主要经营下环街的报摊。

入行经过

我是1979年入行的。当时我刚从内地申请过来，就跟着姑妈、姑丈去经营报摊，因为要学一门技艺来维持生计。当时我们在下环有一档报摊，清平街有一档，新桥也有一档。后来我两个妹妹也申请到澳门，她们虽有自己的工作，但亦会到摊档来帮忙。下环和新桥主要卖澳门报，新马路就卖香港报。

终年无休，每天工作20个小时

回想起当时入行的自己十分拼搏，凌晨3点多就踩单车去几间报馆取

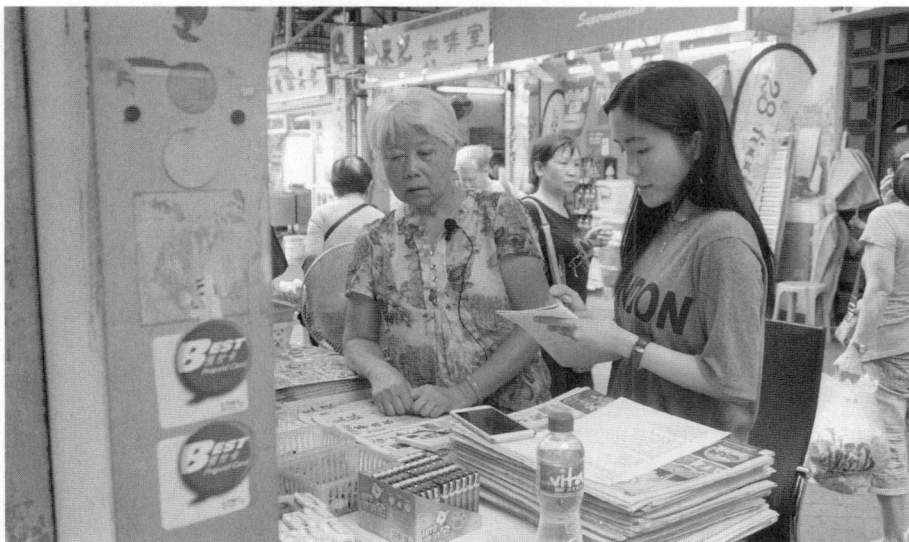

陈瑞琼正接受采访

下环街琼姐

报纸，包括《澳门日报》《华侨报》《市民日报》和《星报》。我大约清晨5点回到在下环的摊档，叠报纸并开始卖报纸。当时有很多茶餐厅，客人会在饮茶时看报纸，所以一般都在饮早茶时销售比较多。到差不多上午10点，我会踩单车到喷水池取香港报，然后就在清平街的摊档卖，晚上8点左右就会有香港杂志送到，主要是八卦周刊、电视周刊、色情杂志等。到晚上杂志才非常好卖，会一直卖到晚上12点。

这种每天工作20个小时的生活大约持续了四年，直到我结婚生子。

陈瑞琼报摊上的各种报纸

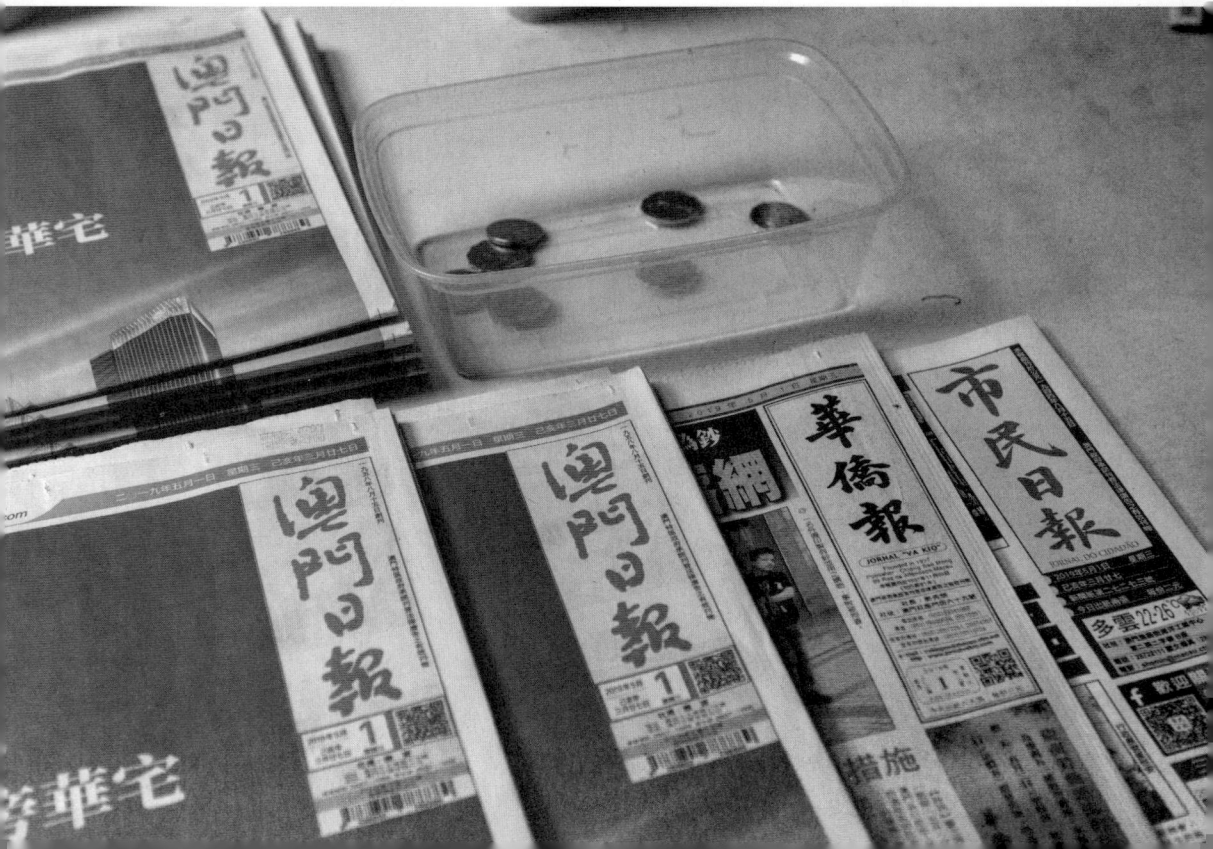

《澳门日报》

生完孩子休息了两年后，我就开始找人帮忙送货。我曾经试过一次订500份报纸，叠到很高，又要用单车去运货，很容易失去平衡。有次不小心跌倒，看了很久跌打医生，得不偿失，所以就情愿赚少一点，找人用电单车来帮忙取货，因此就可以迟两个小时，到清晨5点多才开始工作。

现在由于没有卖香港杂志，加上进入退休的状态，我每天从早上6点开始摆档，至中午12点就回家休息，下午3点再来开档，营业至晚上7点。

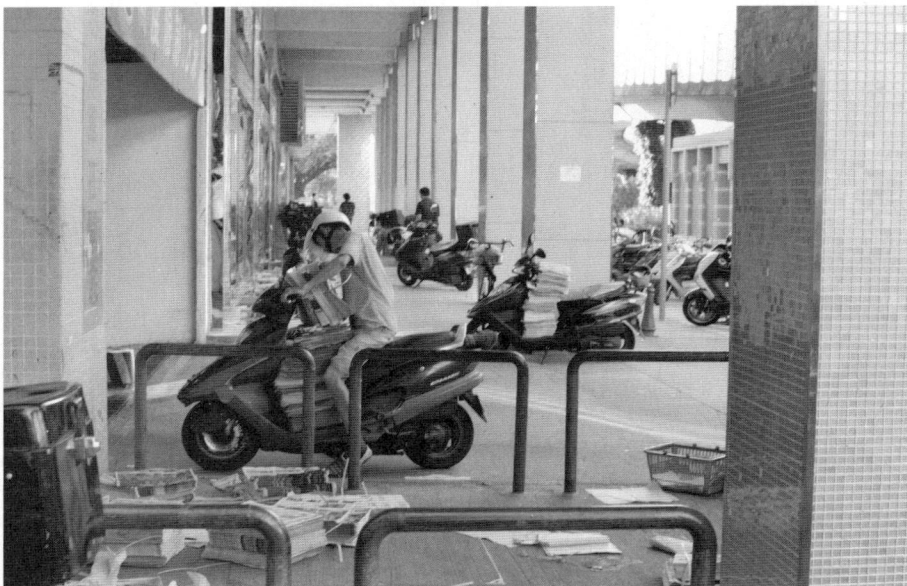

骑电单车送报纸的人

"走鬼"生涯

　　以往澳葡政府没有给我们颁发牌照，我也不清楚其他行家是否有牌照，反正我们会一起"走鬼"（无牌经营），这种状态持续了20年，直到回归后才开始发牌照。以前每隔几天警察就会"执法"，一个月都有四次左右。我们会被带到一区警署，每次罚款300元，只好把它当作纳牌费用。最后我只好疏通一下警区里的执法人员，每逢中秋、农历年就送果篮、礼品过去，才没有"执法"那么频繁了。

曾被偷抢 道友出没

　　在摆档这30多年里，我印象最深刻的是有一次被抢劫。有次朝早（清晨）在下环摊档，当时我戴着金链摆档，并没想过会有人在我背后一抢，就直接抢走我的金链。由于当时时间太早，街上也没有行人，就被人成功抢走金链，这是我印象最深刻的一次。

　　另一次是有两个金毛小子半夜打开我档里的钱箱，结果遇上警察，就当场被逮捕，我的杂志则全被送到一区警署，令我第二朝无法开档。另外，还有一些"道友""白粉仔"会不定期来这里拿两三百元。

陈瑞琼的小贩牌照

陈瑞琼摊档上摆放着各种报纸和杂志

处理卖不完的报纸

　　若当日有大新闻，报纸就会特别快卖完，可以尝试到报馆再订一些货；如果报馆也卖完，那就可以提早收铺。相反，每逢打风（刮台风）、下雨或没有特别新闻的日子，报纸经常都会卖不完。在新马路那间铺，我会卖"拍拖报"，例如一份《东方》（即《东方日报》）、一份《新报》叠在一起卖，两份报纸收一份钱；若再卖不出，就只可以当旧报纸卖，以斤变卖。每逢台风天，基本都没有人会出街（到街上来），只能祈祷不要一整天打风，祈盼停风停雨后就有人走来买报纸。

相反，杂志就可以退回去给杂志商。一般杂志我们每本会赚两元，每本五角会给送货人作酬劳，其实也是薄利多销。只是最近便利店盛行，加上送货的人都觉得很麻烦，所以就不帮我送杂志了。

售卖产品的变迁

以往澳门报和香港报的销程大约是一半一半，最好卖的香港报是《东方日报》，澳门报就由以往《华侨报》卖得最多，转变到现在《澳门日报》最受欢迎。20世纪八九十年代我有超过一半的营业额是来自卖香港杂志，八卦周刊、电视周刊、色情杂志等都十分受欢迎。现在档摊主要的营业额都是靠卖报纸，其次我也有卖烟，在农历年时向政府申请卖二十天挥

正在摆放香烟的陈瑞琼

陈瑞琼的摊档1

陈瑞琼的摊档2

春（即春联）和红包袋。烟现在来货都很贵，成本高，也赚不了钱。

便利店引入的影响

便利店引入对报纸销售当然是有影响，刚好转角有一间便利店，它们卖许多香港杂志，卖报纸又附送纸巾，我们几乎都不可能用这种方法去经营。我们杂志的种类以及数量都不及它们，现在光顾我摊档的客人，大部分都是街坊。

我都已经到了退休年龄，再出来摆档也只是想和街坊叙叙旧，后辈们也不打算承继，所以我在退休后，会把牌照交还给政府。

陈瑞琼与采访者合影

下环街琼姐

就算再辛苦，我也会坚持下去

钟永国 口述

甄桂芳 整理

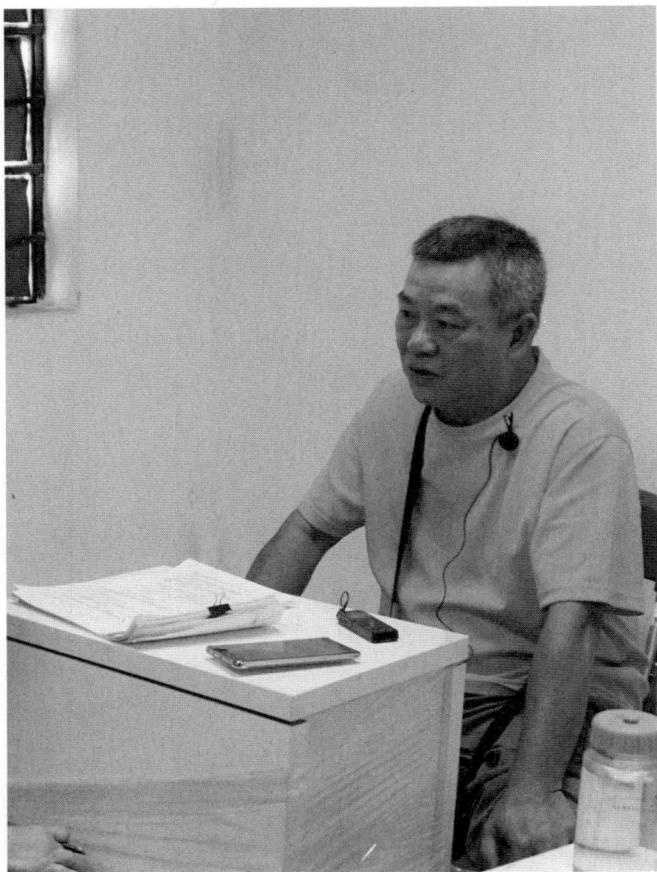

钟永国

钟永国，1957 年出生，澳门雀仔园书报社负责人。

来到澳门

我叫钟永国，1957年出生，现为雀仔园书报社负责人。我出生在广东省，七兄弟姊妹，父母现已离世。我的受教育程度是高中，在江门宅梧第三中学接受教育。年轻时在内地制衣厂从事裁缝工作，当时我的女朋友，即现今太太也是裁缝，因此相识。1979年，她在澳门从事报贩业的父亲帮她申请从内地来到澳门，与她结婚后，我便以家庭团聚为由也申请到澳门居住。

我初到澳门时，澳门经济还未起飞，找工作颇为困难，收入最好的工作是在赌场，但需要铺保或介绍人。虽然报摊工作辛苦且收入不及赌场，但也算是自己的生意，所以我选择留在报摊工作。我有一子一女，一家人都看守着报摊。我们居住在雀仔园区，报摊也在雀仔园区内，因此整个生活圈子都在此小区内。

雀仔园书报社

雀仔园书报社位于雀仔园岗陵街小贩区，是我岳父20世纪70年代后期在雀仔园和丰茶楼及大兴面家旁边创办的。他是从南洋回澳的归侨，本来在澳门做针织制衣的生意，因生意失败才从事售卖报纸的工作。我从内地到澳门，就在此摊档工作，直至他离世，我才与太太全权接管报摊。现在持牌人是我的太太与我的女儿，此报摊可算是家族生意，没有聘请任何佣工。我是负责每天领取报纸、杂志，及派发报纸到各订户手中，订户包括政府部门、学校、酒店或大厦订户等，太太则主要看守报摊。报摊前身是一木造的流动车仔，现在已改造成铁制的固定档口。

钟永国在雀仔园书报社前

报摊是雀仔园的老字号且邻近市场，因此成为小区的网络点及信息站，街坊对它感情浓厚。

报贩每天的工作

报贩是一个很辛苦的职业，每天日出前就要起床工作。我每天4点多起床，5点要开电单车往渔翁街澳门日报社取报纸，送回报摊叠报纸；再往外港码头取头轮香港报纸返回摊档；再往红窗门领取澳门报纸，如《华侨报》《大众报》《市民日报》《星报》等，返回报摊；再往金莲花广场

辛苦工作的报贩

领取《明报》及澳门出版的英文报纸，返回报摊；再到国际中心领取《南华早报》《大公报》及台湾报纸；再取《经济》《星岛》；往国荣处领取《国际纽约》《华尔街日报》等。从早上4点至8点，大概领取了足够售卖一天的报纸，接着，我每天派送报纸的工作开始了。大概下午1点前，便可以收拾报摊回家。

我们是没有休息日或假期的，不论晴天雨天还是台风天，都是夜以继日地工作，只为了送报纸给有需要的客户。

报贩的收入

在澳门售卖报纸，需要申请小贩牌照，可幸最近数年政府免纳牌照费用。我们是家族生意，所以没有招聘佣工。报纸及杂志大多有"回尾"制度，报摊看似成本很低，事实却不然：维修档口车仔是一成本，政府没有资助维修，但雀仔园区其他小贩，民政总处负责维修；没有回尾的报纸要自己"食"（倒贴）；现在因与便利店竞争抢客的关系，报贩要购置胶袋及纸巾随报纸赠送；以前有香烟广告收入，现在被禁止了；因社会禁烟问题及香烟价格高昂，买香烟的人也少了很多。再者，近几年来，报纸及杂志的售价没有提升，且报纸销售量也没有增加。报贩是六四分账，在通货膨胀及百物腾贵的效应下，报贩的收入不如20世纪来得可观。正如我常举的例子，20世纪售卖一份报章的利钱，可买一个菠萝包，现在卖一份报章也买不到一个菠萝包 ，可以想象现今的报贩收入变低，风光不再。

报纸、杂志及其他货品的变化

过去数十年来，报纸及杂志经历了巨大变化，很多香港老字号的报纸及杂志消失了，很多报纸的厚度变薄了。如香港《南华早报》（*South China Morning Post*），以前星期五出版，像一本电话簿的厚度。另一例子：香港以前的报纸有很多房地产或招聘广告，但现在的房地产不景气引致广告萎缩。

但澳门情况相反，因为澳门政府资助传媒业的政策，澳门的报社近年来如雨后春笋，有些报章免费派发的手法与我们报贩的经营手法有矛盾。

就杂志来说,以往很多不同尺寸订装的娱乐八卦杂志,慢慢因生活模式的改变被淘汰。

除了报纸、杂志,我们还兼售其他货品,如纸巾及香烟,有些摊档还会出售六合彩,也算是为市民服务。

苦中作乐

我们行业工作时间颇长且没有假期,清晨时分,在外港码头等待船只领取报纸,是我们行业内老朋友谈天说地的时间。现在科技发达了,平时我们可以用微信聊天,空闲时候,我们还可以用手机或平板电脑欣赏电视

工作中的钟永国

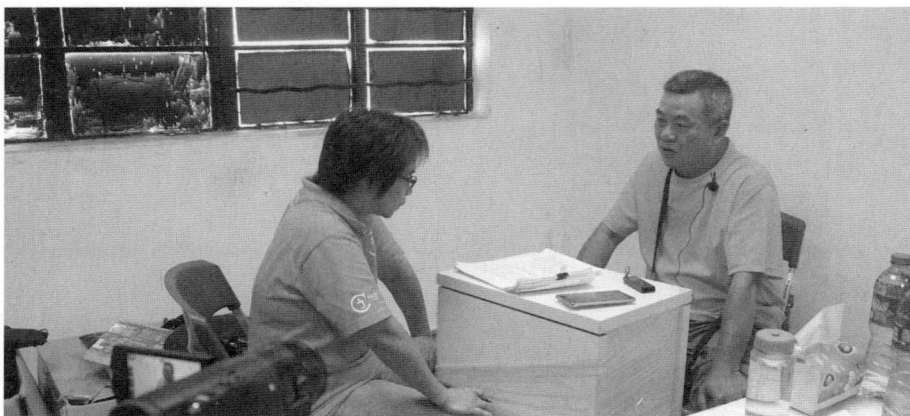

钟永国正接受采访

剧。这是以前报贩难以想象的，如今报贩再不单是听收音机及阅读报章打发时间了。

我生活和工作的圈子都在雀仔园区内，我是小区福德祠的值理，小区内人情味浓厚，街坊间关系很好。下午空闲时间，我会找小区街坊饮咖啡、打麻雀（打麻将）。我的报纸订户大多是雀仔园街坊，他们每天经过我的报摊前都会亲切地跟我打招呼问好。

报贩的种类

除了在报摊工作的报贩，亦有一些只是派送报纸的同行，他们没有申请小贩牌照，但仍可派送报纸。亦有一些老人家在清早摆卖一些报纸，俗

婆仔档

茶楼前的报摊

称"婆仔档",她们只是赚取微薄的利钱。也有一些妇女受雇于免费报章机构,在公共车站派发免费报纸。以前的报贩多用单车运送报纸,亦熟习派发"骑楼报",现今高楼大厦比以前多了,报贩送报多以电单车为主,"骑楼报"已成绝响。

时代不同了,报摊数量渐渐减少,报摊慢慢转入屋内成为店铺,派报纸也渐渐演变成由汽车派送。街头巷尾、茶楼酒楼的报摊随着喜欢阅读报纸的长者、看守报摊的老人家的渐渐离开,也慢慢消逝了。

报摊的没落

澳门报摊20世纪末处于高峰期,那时报贩虽然工作辛苦,但收入不菲。但现在利润大减，从事报摊工作的人慢慢老去，家族经营的，下一代也不愿意接手，新人因为此行业辛苦也不愿加入，24小时便利店对市民来说更方便，大集团式的经营手法，令不得不效仿的报摊成本增加，经营更是雪上加霜。政府资助政策只针对报社等，对我们报贩毫无资助。其实我们是报社传媒业的一分子，报摊是报纸、杂志的正式销售途径，报贩的存在与报纸的出版，可说是唇齿相依，政府应研究如何资助及支持报贩的发展生存。

报摊的未来

我的朋友们都在慢慢老去并逐渐开始退休，我及太太也会有退下来的一天，在继承者方面，我们也有其他报贩正面临的烦恼。我的儿子有好的工作，但仍在晨早到报摊帮忙，我当然不能影响他的前途；我的女儿，依我的观察，亦可能因辛苦而不愿意继承报摊。如今只有我一人每天去取报纸，没人能替代此工序。如果我一朝倒下，一切运作都会停止。牌照最终逃不脱交还政府的宿命。

结语

报贩业是一个夕阳及保守行业，从20世纪80年代至今，从我岳父到我的子女，经营手法都没有改善，我的子女亦未必继承此档摊。我的遗憾是在报摊风光之时没有买下任何铺位，现今后悔不已。

就算报贩行业再辛苦，我也会坚持下去，算是我敬业乐业、坚毅不挠的精神吧！

钟永国与采访者合影

就算再辛苦，我也会坚持下去

亲历澳门报贩业30年变迁

何乃煊 口述

邝子欣 整理

何乃煊

何乃煊，在澳门土生土长，从事报贩业30年，现为澳门报贩联谊会理事长。澳门报贩业的从业人员由最鼎盛时500多人，跌到目前约100人。受到便利店冲击和市民阅读习惯改变，以及没有青年人入行的影响，澳门报贩业预计将在10年内消失。

儿时经历

我叫何乃煊，在澳门土生土长，由23岁开始到现在一直从事报贩工作，现为澳门报贩联谊会理事长。我当年是跟父亲入行的，父亲于1945年左右由中山小榄来澳，当时主要以卖"行情"为生。"行情"是一张印有各种商行主要信息的纸，例如金价、银价等。后来才慢慢转行做报贩。

小时候父亲一天要卖很多种报纸，共约三千份。由于工作量十分大，我们几兄弟都要协助叠报纸和派给订户。后来到了23岁，我继承了父亲的衣钵，加入了报贩这一行。

我约在七岁时开始协助父亲叠报纸和派报纸。当时的报纸一般为一张半纸，最多为三张半纸。我当时帮忙把报纸分好后，要将要送的报纸卷起来，变成近似圆柱体的形状，再在约三分之一的位置折下去，形成类似阿拉伯数字7的形状。

把报纸折成这样的好处有两个：一是节省空间，可以挂在单车前面的篮子中；二是方便送报员以投掷的方式送报。当时澳门骑楼多，只要多练习，一般都可以准确地把报纸投掷到订户家中。这种送报方式叫作"飞机报"，是过去报贩送报给订户的主要方式。由于现时高楼大厦较多，而且街上停了很多私家车，担心失手时会弄花私家车，所以一般放入信箱。目前尚有十数户要求透过"飞机报"方式送报，我亦尽量满足他们的要求。一次我用"飞机报"的方式送报，被骂得很厉害，原来客户一家人正在客厅正中吃饭，报纸投掷上去时，刚好掉到人家的汤锅内，弄得汤都不能喝了。

何乃煊正接受采访

报贩趣事

我入行时间较早，见证了澳门报贩业的发展。如今，澳门报贩业的许多经营方式都发生了改变，一些特有的现象亦已消亡，例如过去有"租报纸""拍拖报"。

"租报纸"现已绝迹，过去一般是酒楼或茶餐厅会购入报纸供顾客借阅，当时一份报纸约两毫，一般租报纸费用是一毫，顾客用餐完毕后再归还报纸，店方可稍作整理后再租给下一位顾客。

"拍拖报"就是买一份报纸送另一份报纸，一般是送一份免费的日报。一些报纸虽标明售标，其实是不收钱的，报贩有时就会免费送这些报纸。

大量香港报纸在澳销售

过去有许多香港报纸来澳销售，约有70种。一些是明星报、娱乐报，例如《新灯》《银灯》；有些是色情报，如《真栏》《月华》《超然》，当中有马经、狗经、色情的成分。当时报刊较为专门，后来报纸开始走包罗万象的路线，这些小报的销量慢慢转差，部分逐步停刊。

20世纪八九十年代亦有很多香港杂志来澳销售，例如《金电视》《新电视》《玉郎电视》等。当时澳门有许多工厂，一到下班时间，很多"工厂妹"来买，这些娱乐杂志销量奇高，当时一百本不到一小时就售罄。

另外，当时漫画亦卖得十分好，如《中华英雄》《龙虎门》《醉拳》等。因为当时电视节目并不是那么多，许多人追漫画看，就像现在追电视连续剧一样。

价格贵一元有原因

或许有读者会问：为什么在澳门出售的香港报纸和杂志的售价都要增加一元呢？其实这些都是运输成本造成的。在澳门销售的香港报纸及杂志，主要是由两家公司以中间商方式营运，香港许多印报纸的厂房位于"新界"，每天清晨报纸运到港澳码头后，由码头工人送上船。报纸作为货物由喷射飞航运载来澳，再由码头工人用铲车送上岸，最后交由报贩整理后出售；而杂志由于可以卖一周，故搭乘货船来澳，从比厘喇马忌士街的码头上岸，以降低成本。因此，这一元是成本价，并不是报贩额外收取的。

《龙虎门》

报贩生涯的苦与乐

报贩的工作特点是工作时间长、劳动强度大、收入低，没有年轻人入行，目前仍在工作的报贩以五六十岁的中年人为主。

我觉得报贩业是一个无假期、年终无休的厌恶性行业。以我为例：凌晨3点半起床，先领《澳门日报》并先完成一部分订户的派发工作；6时许，再到港澳码头领取香港报纸，整理后（将分散的版面整合成完整的报纸）向订户派发；完成派报工作后即回到自己的报摊协助售报的工作；晚上再到比厘喇马忌士街的码头领取香港杂志，约9时上床休息，每天工作时间约18小时。由于较早休息，所以亲戚朋友宴请，我们一般是能不到就尽量不到。

另外，做报贩需要的本钱十分大。澳门的报社要求我们提前把十万元存入他们指定的账户，每天根据取报数量扣钱，而订户一般是先送报再月结，这种"付钱付上期，收钱收下期"的生意并不好做。以我为例：我一般每月向订户收一次钱，有时订户不在家，需要走好几次才能把钱收齐；不幸运的话，有订户可能搬了家没通知我，就会变成坏账。在20世纪八九十年代，亦有极少订户故意不付钱的——现在社会经济环境改善，不会再出现这种情况了。总括这十多年来，估计损失十多万。

社会变迁，报贩生存空间渐窄

报贩在报摊售报，人流量大小直接影响生意，选址就变得相当重要。我

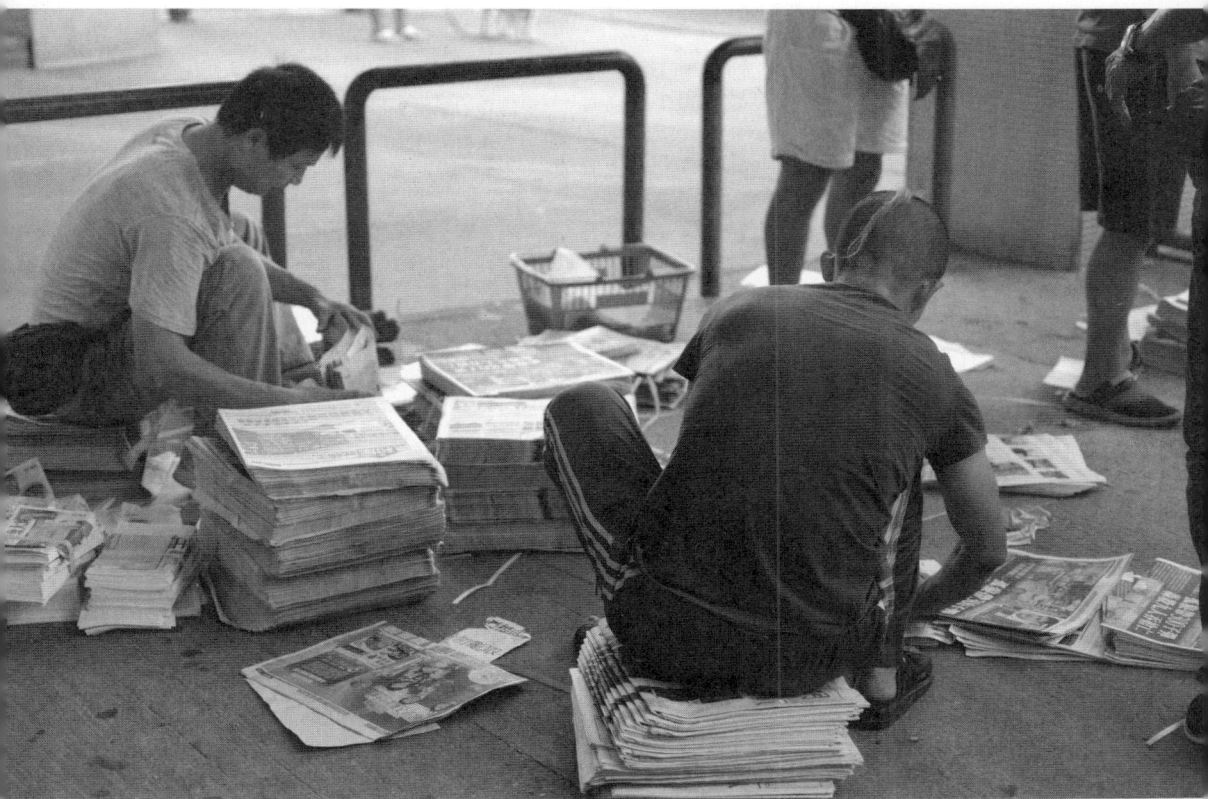

辛苦工作的报贩

们一般会选在人流量较大的地方，例如茶楼、市场等，顾客与你熟络以后就会一直光顾你。过去冠男茶楼的报摊，一天可卖约七百份《澳门日报》、数百份香港报纸，每日净收入过千；后来酒楼倒闭，该报摊亦没有继续经营，把牌照还给了政府。我在20世纪八九十年代每月收入一万余元，目前的收入亦是一万余元，扣除通胀其实收入是变相减少了。

当年我入行做报贩时，澳门只有20多万人，每天报纸销量超过两万份；现在澳门有50多万人，每天报纸销量亦只有两万余份。而澳门报贩业从业人员，由20世纪七八十年代的500多人，锐减到目前的100多人；报摊的数量亦由原来300多档减少到目前的70多档。这种情况，我认为是多方面原因造成的。

其一，娱乐方式的多样化。20世纪七八十年代，每份报纸售价两毫，是最经济实惠、性价比最高的娱乐学习兼备的消费品。

其二，科技发达，导致人们阅读方式发生改变。过去人们吸收信息，主要透过报纸、杂志、电视、电台等途径；后来有了互联网，人们可以透过网络很便利地获取信息；再后来智能手机普及，人们可以透过手机随时随地接收信息。我认为网络取代油墨和报纸是好事，因为油墨会造成污染，印制报纸亦需要相当多的钱，对环保不利。

其三，便利店成行成市。便利店于2000年左右来澳开设，目前两家连锁便利店总共有60多家分店。它们选址地点较为优越，而且卖的报纸会先用胶袋装好并赠纸巾，若报贩也这样做会增加成本。人们觉得这种模式较

在茶楼看报的人们

好，便慢慢减少光顾报摊。我认为报贩的经营模式已被便利店完全取代，在这个"战争"中报贩是彻底输了。

肩负重任，为会员争权益

自任联谊会理事长以来，我一直坚持为会员争取应有的权益，包括与香港报章批发商周旋、建议澳门某报加价、协助会员与政府周旋等。

例如过去报贩与香港报章代理商以三七比例摊分售报的钱，1990年10月16日，代理商认为澳门报贩赚得太多，单方面抬高批发价，我协助会员与批发商周旋不果，决定当日罢领香港报章，市面上亦无香港报章可卖。翌日再协商，结果是各让一步，设定新的分成比例，该比例一直沿用至今。

另外，由于2000年以后澳门通胀情况相当严重，一杯咖啡由数元一杯涨到十数元一杯，而澳门某报一直没有加价，基于报贩行业与该报最早设定的比例，扣除通胀等因素后报贩普遍亏损。经联谊会商讨，由本人作为代表向某报建议加价，该报经考虑最终同意调升售价，分成方面则维持不变。

报贩是正行正业

我做了30多年报贩，一手一脚把子女逐一拉扯大，供其读书上学。我经常和女儿讲，人最重要的是不要看轻自己，报贩业亦是正行正业，是组成社会的一部分；人都活在同一片天空下，只是际遇不同而已。再有钱亦只能吃一碗饭，只能用一双手开一部车，我就算比别人差，亦同样吃一碗饭、开一部车。

何乃煊与采访者合影

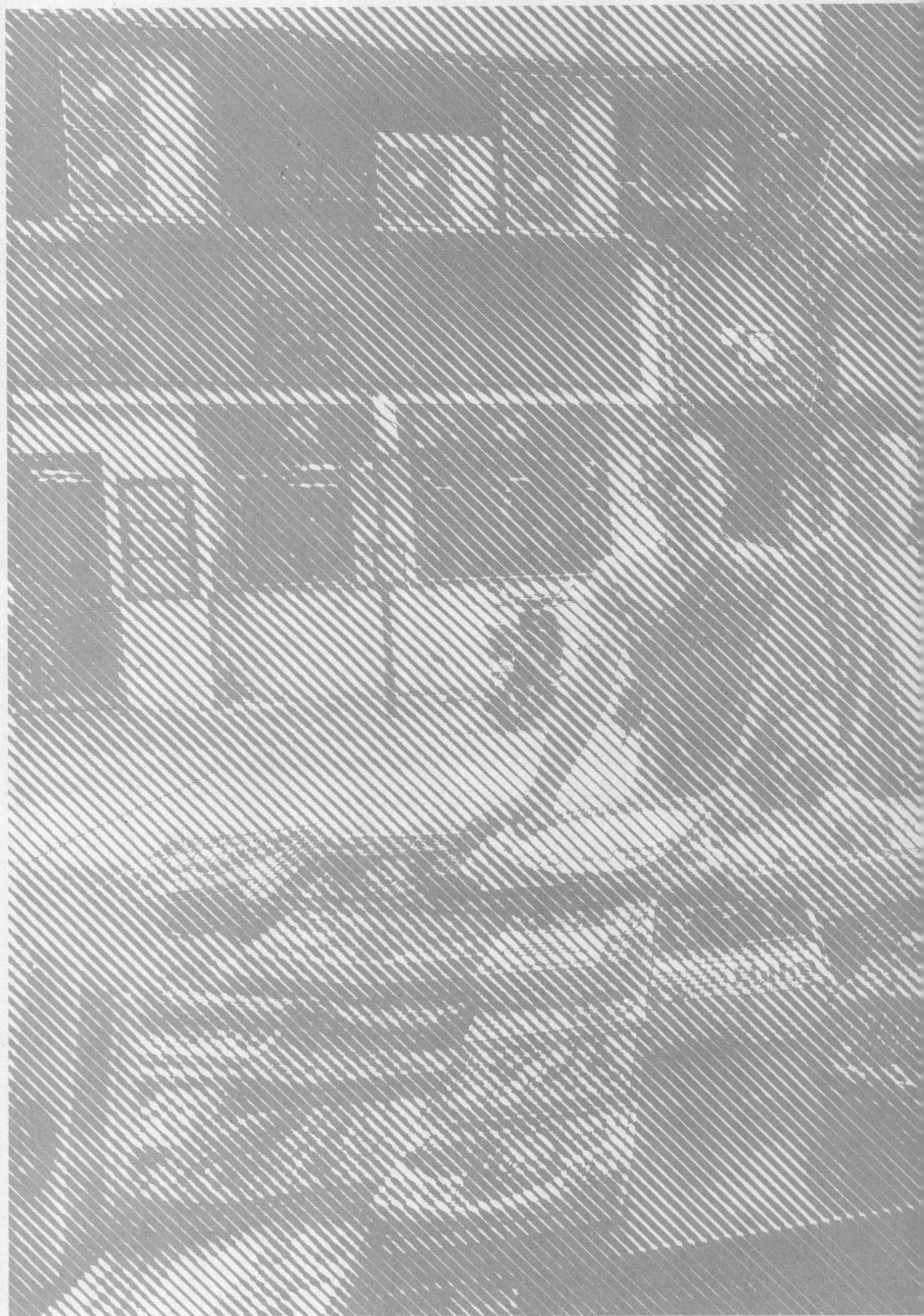

做得一天算一天

林沛荣　口述

李颖桐　整理

林沛荣

林沛荣，1961年出生，现为南屏报社负责人，从事报贩业逾45年。

我的报贩生活

我叫林沛荣，1961年出生，已婚，有一子。现为南屏报社的负责人，从事报贩业逾45年。

自我妈从1970年开档，我们一直在南屏雅叙茶餐厅附近摆档。以前，这里是卖文具的，这条街除了有咖啡室，还有很多酒楼，很多茶客。你知道做生意看重人流，人流量大生意成功的机会自然就大。所以就在这里开档至今。

南屏雅叙茶餐厅

现时，我大嫂和我侄子都有帮忙看档。一般是我们三个人轮流工作，每天经营14小时，风雨不改。

我每天都6点多起床，在家完成个人卫生后，即开始一天的工作。早上就要分别取三次报：一是6点取《澳门日报》；然后就是8点到码头取；再就是到代理公司取。拿到报纸后，就送回调口，一路"套"一路开工。接着等我的侄子或我大嫂出来。所谓"套"，是指将三张报纸叠成一张，或者将两张报纸叠成一张。你可以付钱，请人帮你送报、帮你套。澳门有些人是接这类型生意做的，但我就自己做。

基本上，星期一至星期五，我由早上6点开始工作到中午11点，再由晚上6点工作到晚上8点；星期六、星期日就由早上开始到上午10点，接着中午12点就回来再做到下午3点，跟着就休息，跟着再从晚上6点半做到8点。

杂志都是自己去拿的，香港报我就请行家帮我拿。有部分是到码头去拿，有部分在澳门代理公司里取。因为澳门有几个代理，如果你想快一些的话，可以到码头取；如果你不介意慢一些的话，你可以等他从码头回公司，再到代理公司取，因有部分报纸是在夜晚用香港货船送来澳门。

除日报、杂志，澳门也卖过香港的晚报，那是一个很有趣、很欢乐的年代。那大概是20世纪80年代，当时我还在读书，香港晚报来到澳门的时间是傍晚6点左右。我放学后，就会到喷水池，即现在的议事亭前地，和那群街童或行家的小朋友玩，玩得很疯狂，边玩边等，等到6点多，晚报送到后，就拿来这里，那时我妈或我大哥就会在这里等我回来。晚报开始式微大

林沛荣正接受采访

林沛荣的档口

概是在电视开始普及后，大约是在20世纪70年代末、80年代初彻底被电视取代了。

香港及澳门的报纸一向没有午报。香港报纸就分两个时段，早报和晚报。香港早报卖不完，便宜地卖出去的便是所谓午报。

我们这里以零售为主，也接受订户订阅。如果你需要订的话，我就给你留，你有时间就来拿。以前我大哥还在帮忙时就有派报给附近的街坊，差不多八年前，我大哥退休后，就暂停派报服务。

鼎盛的年代

我接触黑白报纸的时间很短，只有几年，20世纪70年代已经开始出现彩色报纸。我所说的彩色报纸都是香港报纸。澳门报纸比较迟才有彩色，较香港落后。香港印刷技术在当时的东南亚是很有名的。我记忆中，第一份彩色报纸是娱乐报纸来的，叫《明灯》，专门报道娱乐新闻。当时香港有所谓风月报纸、杂志，针对男性读者，颇多人买。20世纪七八十年代卖这类报纸、杂志是合法的，我这里也有卖，那是鼎盛的年代，最畅销的杂志一星期可以卖480本。

当年还有《男子汉》《火麒麟》等。刚说到的最畅销的杂志，销量高时，差不多有四五种同类型的杂志与其竞争，但没有一本像它这么成功。此外，当时也有些比较斯文、比较软性的杂志，如《新文宅》《男皮书》或者《新姿周刊》那类。

林沛荣摊档上的报纸和杂志

因为这些杂志会创新，内容新鲜，对当年的读者来说，很能满足他们猎奇的心理。20世纪八九十年代，是印刷业鼎盛的年代。

香港现在还有出这类型的报纸或杂志，但数量、种类都少了很多，毕竟这些信息在互联网看一辈子也看不完。现在还买这类书的人可以说是有一份情结，喜欢翻书。

澳门从未出版过风月杂志，我们现在也没有卖。但据我所知，如果现在要在澳门名正言顺地卖一本所谓"三级"或"四级"的杂志，好像要取得牌照，不像以前那么宽松；当然，当年的尺度，以我现在的眼光来看就不算大胆，当年来说都算大胆了。当年政府没有太多规管，可以公开地卖，亦不用包着，可以让读者翻看。但现在香港政府都要求用透明胶纸袋装着，不可以翻的。

那年代还有针对小朋友的漫画报纸，如《金报》《生报》。

风雨不改　终年无休

报摊基本是终年无休，除了"十号风球"及农历新年由腊月廿六开始至年初三休息外。以前我未结婚时是没有假期的。没有假期不是因为我不想休息，而是我觉得没有必要，反正也没有地方去，那就不如赚钱。以前我的侄子和我的大嫂还未出来帮忙时，只有我和我大哥，我俩就包办了。我大哥负责派报纸，我负责看档。那时我有很多时间都在看档，但我也不介意，因为我喜欢看报纸杂志，朋友又喜欢来档口聊天，时间过得比较

工作中的林沛荣

快，因此不觉得辛苦。

直到我成为父亲，我才开始有放假的习惯，因为觉得需要多些时间和孩子出去玩耍。一年通常放八至十日，都一次在过年前放。放假前，我会跟代理说暂时不要十日八日的报纸，这都是没有问题的，预先通知便可以。

无论打风还是下雨，我都是照常营业，但不觉辛苦，因为我年少读书时，已经习惯要派完报纸才去上学。而且那个年代，我曾无数次在派报纸时被水浸，被水浸特别麻烦。

打风时，报馆不会停刊，他们照出报纸，只不过没有船过来澳门而已。遇到这种天，澳门的代理会直接打电话到香港要求不要报纸；如果要报纸的话，可能也要到第二日才有船到澳门。隔夜报来到澳门基本上是没有人会买的。杂志的话，反而没有关系，因为多是周刊、月刊，迟到一两天问题不大的。

澳门的报纸从未停刊，即便"一二·三"[1]那时也有。《澳门日报》以前有段时间年初一至初三是会休息的，但现在就是跟了香港的做法，全年无休。

从事这行多年，唯一辛苦的是，当年纪大了，仍然要大量的报纸但又不愿给别人赚钱时，就要自己承担，这样便会有点辛苦，毕竟也是搬搬抬抬……说真的，如果赚了很多钱，上了岸的（自己做了老板），就可以让别人搬，自己就做收钱找续（收钱找零）的工作。

---

1 "一二·三"，即"一二·三"事件，源起于1966年11月，澳门氹仔居民自筹经费兴建坊众小学，因事先向澳葡当局申请而迟迟未批，遂自行架搭竹棚架，澳葡当局派人强迫停工，当地居民不服，双方对峙。11月15日，澳葡当局出动军警殴打民众，打伤多人。氹仔居民对此表示抗议，并提出五项要求。澳门各界代表亦支持氹仔居民的要求。12月3日澳门各界代表为氹仔事件赴澳督府请愿，澳葡当局派军警殴打代表，致使多人受伤，激起澳门人民极大的愤慨，人们纷纷走上街头，抗议当局的暴行，市内发生骚动，而澳葡当局不顾一切地镇压群众，造成八人死亡，多人受伤。经过市民的一系列要求活动跟中国政府的严正干涉，澳葡当局于1967年1月29日宣布无条件接受广东省人民政府的要求，事件才告平息。

工作中的林沛荣

"零风险"生意

每一日代理会给我一张发货单和回书单，每日的回书都登在这里，明天要回什么书、回什么报纸，就跟着这单执，执好执齐，谈好了，明天拿回公司，他们会处理的。每天都有回书单。

跟香港代理拿杂志的折扣比跟澳门代理拿要低，澳门报摊经澳门代理取货的折扣是高很多的，这样的话运输成本就由澳门代理承担，小贩是不用付的。

有部分卖不完的报纸杂志是可以"回尾"（退回）的，但所有澳门的报纸都不能"回尾"，反而香港报纸、杂志就是来货价多少就可以回多少，中间没有差价。"回尾"不另收费，运费是澳门代理与运输商之间的事，与我们报贩不相关的。这基本上是零风险，唯一的风险就是天气不好，卖不完。

20世纪70年代到90年代，接收信息的渠道不多，收音机之外便是报纸，电视机也不多。所以那时候，是印刷业的黄金时段。但当便利店（7-11）、互联网等开始普及，报摊就开始受影响。

可以看看香港的数字，因为便利店、互联网的出现，香港差不多少了一半以上的报摊。澳门也差不多，一半以上。便利店对报摊的影响有多大，就看它距离你的报摊有多远。对我而言，因为我附近都没有便利店，所以唯一的影响就是互联网。

虽说影响不大，但为了挽留熟客，我们也有类似便利店的优惠措施。因为有些公公婆婆的确可以为了一包纸巾、一个胶袋而光顾便利店；如果可以给他们相同的优惠条件，他们便可能光顾你。你知道，很多时候，公公婆婆很喜欢一些小优惠，贪便宜是人性嘛……

我送纸巾比较少，客人没有要求，我不会主动给他；但他要的话我会给，毕竟可以送人的纸巾当然不会是好货色。说真的，抹嘴也要讲究卫生，也不要省那两元，不买tempo（澳门本地著名的纸巾品牌）吧。

免费报纸对我这里《澳门日报》的销量暂时没有什么影响。我这里每天都会有两份免费报纸，分别是100份《力报》和50份《澳门时报》，每天会有专人直接送到这里，不用另外去取货。客人来买报纸，我通常就多送两份给他们看。当然，因此多了些公公婆婆来拿报纸。

20世纪90年代开始，很多东西都静了下来

20世纪八九十年代，《澳门日报》最好卖的时候我试过每日卖350份，现在每日大约在180—200份之间。那时，销量高的杂志，基本上每日全部超过100本。但现在，我拿杂志基本上都不会超过20本，这20本是指某一类型的杂志，不是指全部的总数量。比如以前（某种杂志）我拿120本，现在我可能只会要30本。《新地》以前我拿80本，现在可能我会拿20本。很惊人的转变，差很多！

虽说可以"回尾"，但做生意是担心销量多于担心有没有"回尾"。

因为一本书销情（销售情况）不好，即便有"回尾"，也是没有意思的，因为赚不了钱。是的，无错，这样是不用蚀（亏本），但也赚不了钱，这样做生意没有意思的。做生意的人不介意风险，只想赚钱。多高的风险也会有人愿意去做，只要能钱赚便可。

售价方面，没有记错的话我第一天出来帮忙，报纸的价格大概是半毫至两毫子一份。到现在，八元一份。这几十年间的升幅算不算大，可能要找专家计算才知道，看看有没有像楼价，或其他电子产品的升幅那么大。我肯定电子产品的升幅相对是没有这么大的。

就杂志而言，升幅相对不算大。因为我记得，在20世纪90年代，一本杂志卖五元一本。现在，20多年后，类似的杂志都是卖十二三元一本。算是追不上通胀，20多年来只是贵了一倍而已。

我这里最好卖的杂志是有赠品的周刊。因为现在杂志本身的信息，互联网上面都有。人买它，不是因为杂志本身，而是因为赠品。如果赠品是受欢迎的，每天就可以卖到数十本，情况就是这样。

最初，我们只是卖报纸。很多很多年后，才开始卖杂志。而卖烟、六合彩只是近十年的事。普通香烟其实是不能赚钱的，不过就是方便街坊；能赚钱的是代理和走私的，一箱箱一柜柜的那些。不过我们也赚不了什么，赚得很微（少），卖一条就赚一包的钱。就我的摊档来说，一日都卖不了十条烟。

可能有某些行家有卖其他应节物品，但这类情况，就我观察其实不多。因为报摊面积不大，摆放不了这么多东西，有时也卖不了这么多产品。除非能赚很多，利润很高，那可能就会腾出地方卖这类货品，不然他们不会这样做。

我们这里虽较少卖应节货品，但我妈经营时曾卖过明星相片，销量很好。当年都是卖陈宝珠、萧芳芳等的相片。到我接手时，也有个卖相片的热潮，那年代张国荣、梅艳芳、谭咏麟、陈慧娴等的相片，有一大批客人买。现在的相片都可以在手机里看。当年的明星相大概2R（2寸）般大小，代理就会找一个大的透明袋，一叠十张装好，放在当眼（显眼）位置，学生妹很喜欢，经过就会选购。那时都卖几（很，非常）贵的，几毫子一张，但很好卖的，她们不介意，很舍得在这方面花钱。

在20世纪八九十年代时，我还试过抽奖，都几有意思。那时有个香港人接触我，问我做不做这生意。我说没有所谓，就接了来做。抽奖就是，有些筹仔，有个抽奖箱，有许多有号码的奖品，从箱里抽个号码来对；好像是一或两毫子抽一次，奖品通常针对青少年，都是他们感兴趣的东西。那时吸引了很多学生、青少年。

那时候电子游戏机还未盛行，还是小朋友喜欢玩玩具的年代，还未懂打游戏机。

我们也卖过漫画书，当时很多年轻人来"痴"书看（免费看），我觉得长久来计自己利益受损，因为他们"痴"书看，没有钱收，没有利益。

我想不如便宜地租给他们看，他们又乐意租，那便渐渐形成租的风气，现在也有。

客人可以租任何公仔书（连环画），但报纸就只租《澳门日报》。客人可以到附近一个让他们坐得舒服，有冷气，可以让他们消磨一段时间的地方慢慢看，这个是很重要的。虽然《澳门日报》可以租，但买的仍比租的多。

从20世纪90年代开始，很多东西都静下来了。

"走鬼"

我这报摊从20世纪70年代开始就在这里没有移动过。唯一的移动是整路时，为方便师傅施工，可能就要移左、移右些，或往里移些，这样而已。只要隔离左右（邻里左右）的店铺没有投诉，大小也是，没有规范。但若报摊阻了人家，那他就会要你作出改动；若隔离左右都没投诉的话，政府就不会管，就会随你。既然大家相处融洽的话，就保持现状。

对于档口的大小，政府也没有特定标准。以前我妈用胶纸铺地摊；到我接手后，我就自己设计了一个铁架，可以开合的铁架，开收摊更方便；后来，我自己再设计了不锈钢箱，一用就用了差不多20年，就是现在你眼前见的这个，很耐用。可能某些行家的档是由烟商赞助，但我这个是我自己付钱建的，没有烟商接触过我。可能他们认为这区或我的报摊，人流量不是太理想吧，所以没有赞助。

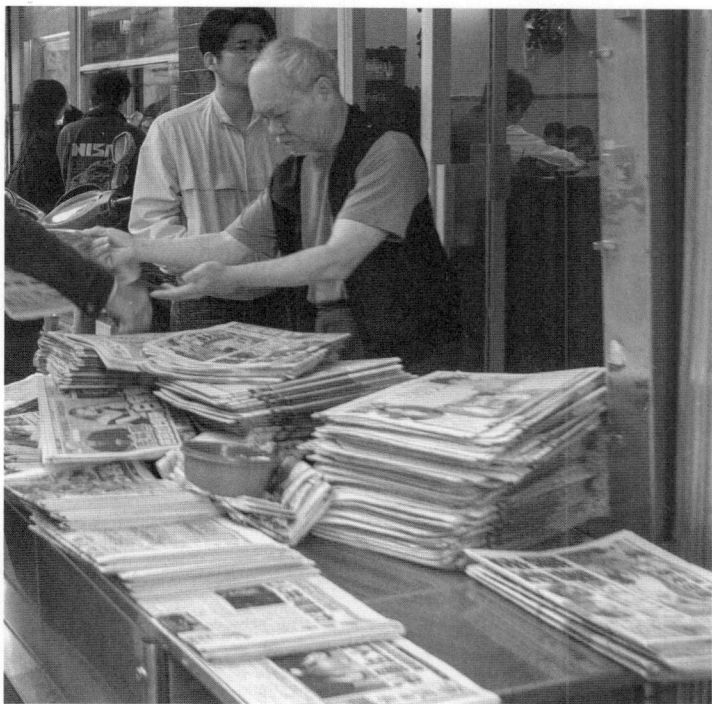

图片右下方即林沛荣设计的不锈钢箱

20世纪八九十年代我试过要"走鬼",因为改革开放不久就有很多内地移民来到澳门,学历不高,年纪又大,为了糊口就做小贩。小贩多就自然会引起社会问题,可能影响市容,可能有店铺投诉,那民署就介入,就要办事,捉无牌小贩;那时我不觉得是民署,反而是警察来捉小贩、赶小贩。听闻那时衍生了一些贪腐的问题,因为有一些小贩会觉得,警察收了钱就不会把你赶走,但我没有见过,也没有试过付款。

那时，差不多每一两日就来扫一次，每一次都鸡飞狗跳，很狼狈。我也被捕过，还被罚款。后来，小贩们觉得不是办法，便组织起来，一起到市政厅示威、抗议、递信，那时的厅长就收信，接着就在市政厅里开会，倾谈后不久，政府就发牌，可以合法摆卖。

现在续牌很简单的，只需现有牌照的副本、最近的证件相、水电费单就可以去民署续牌。近几年，档主可以在牌照上登记一个协助人，但政府要求协助人必须是档主的直系亲属，譬如说，我太太，我的下一代，我的兄弟姐妹。其实我大嫂是不符合资格的，但小贩会向政府反映了我的情况，政府就酌情处理，容许我大嫂帮忙，而不需另外加一个协助人的身份。所以，我没有真正的协助人。民署会不定时监察小贩，看看他们有否要招数。因为有很多小贩将摊档出租给别人经营，大家私相授受，到民署巡查时就通知真正的持牌人出来，好让民署人员觉得档主仍在，又成功过关。有这样的情况存在。

我大嫂也遇过民署的巡查，她会直接将情况告诉民署人员——小贩总会已经和民署沟通过，民署容许这个情况，即你的上级默许，了解这个情况，容许你这样做。其实，也没有什么文件可以证明，只是大家有个默契。如果他们真的要按本子照事，那当然不可以了，罚则可能是直接收回牌照。政府立场是不容许你谋利，你自己做生意是可以，但不能转变为谋利。

我侄子可以成为真正协助人的机会反而较高。我侄子即我大哥的儿子，与我有血缘关系。

做一天算一天

对我来说，卖了这么多年报纸，好的方面就是可以做到方便别人，方便自己。以前是无可奈何，读不成书，但总不能游手好闲，就要出来帮忙。自己本身没有特别想做或不想做，只不过，我觉得这不是自己想做的事，于是做一段时间就想离开。年轻人，就想离开，想要多点自己，再加上这工作困身，所以我在外打过一段时间工。说不上开不开心，只不过是工作一份。后来，报摊搞不定，我妈请的那个伙计监守自盗，我妈觉得不行，就要我回去帮忙，我便回来帮忙，一做就做了几十年。

有得有失。得就是自己在看档时喜欢上了阅读——以前我很不喜欢看书，有文字的书我绝对不会看，开始卖报纸后，可能时间多，无聊，开始接触一些报纸的专栏，就了解到原来有些人是这样想事情的，于是自己的思想空间就广阔了。接触到很多文章、学者的看法，眼界开阔了、思想开阔了，就爱上了阅读，看大量的杂志，甚至自己到书局买书看。

但我看报摊前景是灰的。一来，自己年纪也不轻了；二来，我亦不想下一代接手，下一代亦不想接手。其实我未曾和我儿子讨论过这个问题，因为他才刚刚上高中。我们会谈心，但始终未谈及这个问题。对我而言，就是做得一天算一天。健康许可的话，就做到自己不能再做为止。

我想应该不会有人再入行。一来，无前景，赚不了钱；二来，残酷些说，做这行不能认识到女朋友。对年轻人来说，认识不到女朋友，是天下大乱，是世界末日。

再说，这工作社会地位低啊！基本不需要任何技能，任何人都可以做。当然，如果想要做得好，可能摊档要醒目点，口要甜些，要会和客人谈天，客人有什么问题问，要帮到客人；但那其实只是小小技能，要求不高。

况且，不是衣着光鲜呀。年轻人也好，老人也好，穿着一套西装、拿着公文包出入，一个很有型的模样，几时都受欢迎；不然，那些投行工、穿西装的工为什么会这么受欢迎？一定的！虽不知道能力，但人的包装就会令人刮目相看。有没有能力、口条（口才）、工作能力等都是之后的事，包装得好第一印象就是好的！但你做报纸，给人的第一印象就是草根嘛！

迎合市场需要

如果没有特别新闻的话，人们可能直接看看"动新闻"就算了。有特别大的新闻，想看看比较深入的信息，那就要买份报纸看了。

死人、塌楼……有不幸事件时，销量就会好些。另外，就澳门而言，最大的事就是派钱，会刺激销量。不然就是房屋问题，又或官员的贪腐问题，可能香港的新闻或其他国际的消息也会有帮助。譬如说，李小龙等大明星去世，又或"9·11"事件，又或是特大的交通事故。这些年来，报纸销量最高就是第一年派钱的时候，是六七年前，那时最好卖。

我感觉现在的报摊卖的东西多了。譬如说，游客多的一区，或者某一些特定客户多的，就会迎合他们的需要而卖一些特定的产品给他们。可以卖一些简单的小电风扇、地图、电话卡，销量若不错，再多卖些这类型产品以迎合市场的需要。

其实每一个做生意的人都会这样想，能赚钱的便做，能赚钱的便去想。但政府是有规管的，只不过我觉得，民署的立场是，只要没有人投诉，且不是太过分，便让你卖。

林沛荣与采访者

若干年后澳门的报摊可能会消失

谢国财 口述

杜智泉 整理

谢国财

谢国财，1966年出生。现时与太太及父母一家四口一起生活，经营的报摊叫谢培记书报社。

谢培记书报社

　　我叫谢国财，生于1966年。现时与太太及父母一家四口一起生活，未有子女。

　　我现时经营的报摊叫谢培记书报社，以前的云华楼开张时已在经营，位置是现在工商银行门口，是1973年左右由我妈妈开业，我在2006年接手，现时我爸爸亦有帮忙打理摊档。那个年代的茶楼门前，一定会有报摊，因为两者是相辅相成的。简单地说，你上茶楼，如果楼下没有报摊，在那个年代，你能否买到报纸看？当然不能。所以一定要有报摊。

　　茶楼也会供应我们水电，但当然要沟通好每个月给他们多少钱，沟通

谢国财在摊档前

好了就驳一个电制（接一个电闸）给我们。以前茶楼都很喜欢我们报摊的，因为有报摊，就有很多人上去饮茶吃饭，有时人走下来借报纸看，就让他拿上去，看完还给我便继续卖，两者是相辅相成的。

到了现在有了转变。20世纪70年代至80年代后期，都没有什么消遣，大家都习惯早上起床，饮茶、看报后才上班，以前的模式就是这样。还有以前没有那么多计算机，进入20世纪90年代后模式才开始转变。虽然现在有些报摊一样在酒楼门口，但其实在哪里摆档都可以，且一定要向民政总署申请小贩牌照，要不政府说你无牌，就要求你离开。不过，澳门以前多数的酒楼门前都会有报摊。

发牌照

有人说以前报摊经常要"走鬼"，被抓去警察局，接着又会被没收所有报纸、罚钱之类，其实不是这样的。以前有酒楼前就有报摊，那些人所说的是推车仔卖报纸，政府会说你是无牌小贩，然后把车推走。

以前澳葡政府管治的时候，政府见到小贩数量多，想规管，就发牌照给我们，还规定在哪个位置摆放等。我们就要拿着身份证，在位于市政厅的小贩部排队登记，登记后他过来调查，调查过后便会叫我们上去，给我们登记小贩牌照。每年都要去登记，说位置在哪里，一年续一次牌，到今时今日都要续。譬如我爸爸妈妈去申请牌照，政府认定了你的位置，就会来量度你的位置，可以的话，就像我爸爸妈妈般出示身份证、照片，上去签名，他就发牌照给你，你就可以在那里摆档。

　　顺带一提，以前摆档的车仔是不用钱的，都是烟草商给我们造的。烟草商会帮我们造一个档口出来，一来是帮它卖烟，二来可帮它卖广告。广告以前是可以卖的。之前车仔上有烟草商的标志，现在就没有了，但它不会收回我们的车仔，只是把标志拆掉就算了。20世纪80年代，车仔都是木造的，自从2000年开始，就全部规范用不锈钢。现在不可以用木，因为怕会有火灾。那个烟草商帮我们造车仔，会先把设计图给我们看，我们看了量度好了，就拿去给民政总署小贩部看尺寸、位置，他说可以，你就可以造，如果说不可以，就回去再改。要先给他们看尺寸，尺寸没问题了才可以造。

　　说回牌照。现在申请牌照的手续是简化了，以前只可以去一个地方，现在可以去民政总署北区综合大楼，总之我们把小贩牌照带过去，他们就会帮忙续牌，你在哪一区就在哪一个地方续。譬如我们在这一区，它就会叫我们到幸运阁民政总署那边续牌；如果在北区就去综合大楼续牌；如果在中区就到民政总署那边续。以前就都要去市政厅，就算你在氹仔、路环都要走到那里。以前牌费是四五百元，到后来是一千三百多元。但自从2010年起，政府说我们经营辛苦，所以把我们的牌费全部免除，一直免到现在。

　　那个申请的牌照一定要挂起来，就算是影印的都要挂，因为政府会过来检查。牌上写着报摊名称、持牌人、协助人以及地址、摆文件的位置、货物是什么，写得很清楚的。如果你忘记挂起来，政府人员会叫你下次记得挂。始终有繁忙的时候，一定会有少少遗漏。通常牌照会挂在最当眼的地方，别人一眼就会看到。如果看不到就会问你："咦！你的牌照呢？""不好意思。"就从下面拿上来。他最主要是看你是否是那个协助人，持牌人他早就知道是谁，没有恶意的。如果他是有恶意，除非你的牌照租给了别人，即两个人（持牌人和协助人）都不是，是第三者，他就会问你在做什么。

摆档

大概是20世纪90年代中期，我们的报摊就搬到了提督马路路口现址，因为原位置的酒楼结业了。原先的位置是酒楼允许我们摆档的，若酒楼结业了那位置就不可再摆档，所以我们便搬迁到现时位置。那时候问民政总署可否搬到这儿，它说可以，这位置行人路较阔，不阻行人走路及推货物，位置刚好，以前那边则较窄。但搬到这边不可阻碍隔壁其他人做生意。那时我们跟隔壁的店铺沟通，一间是跌打铺，另一间叫"富贵饮食之家"，他们说没有问题，我们才在此摆档。

以前有酒楼时，我们的报摊会在早上6点开始营业，一直至傍晚5点。而现在的模式已转变，因为已没有酒楼。我们现在主要做街坊及熟客的生意，所以营业时间改为早上6点至下午2点。但我们在凌晨4点已开始工作，先到澳门日报社拿早报，到6点多就到港澳码头拿香港报及杂志，之后就回来报摊开始分配等。

途中我们亦需要派报纸，主要都是派到报摊附近的区域。例如澳门报，5点多拿到后，就先派报纸，接着再去开档。香港报一样，7点多拿到摊档，先分配好，再去派报，派完再回来开档，一直到下午2点打烊，所有工作都是亲力亲为。

谢国财摊档所在的位置

若干年后澳门的报摊可能会消失

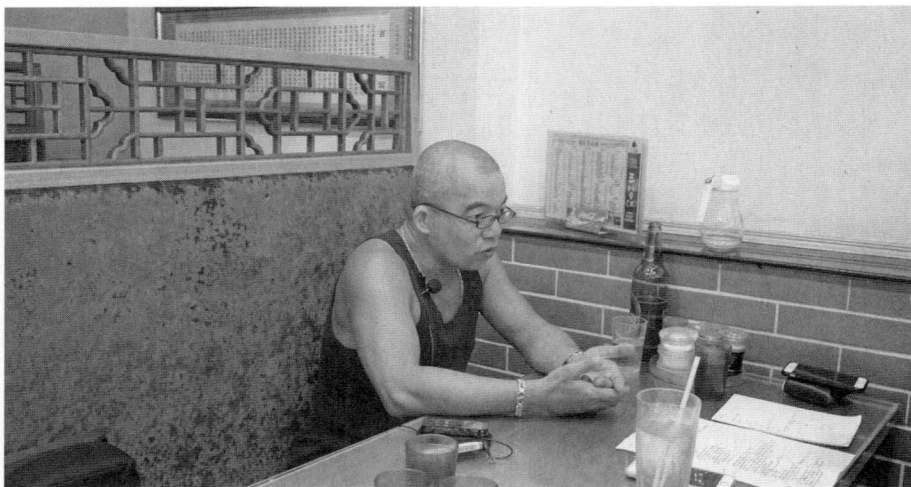
谢国财正接受采访

　　以前的摊档什么都有卖。因为以前没有规管的时候，牌照上写杂货、香烟、报纸什么都包括，我们可以卖玩具、红包袋，卖什么都可以。还有就是到中秋节就卖中秋节的东西，到圣诞节就卖圣诞节的东西，到过年就卖过年的东西，反正什么节日就卖什么，你有档口就可以。后来被规管了，我们的牌照上只写着可卖香烟、杂志、报纸三种。

　　至于六合彩，就是见仁见智，以及政府是否做事。你可以说是非法，也可说是逃税，因为它是香港六合彩而非澳门六合彩。香港要抽税，澳门也要抽税，但澳门是否执行就是政府的事。我们卖的话都不会太张扬，不会像其他人一样全摊出来，因为始终是属于一个非正式售卖点，政府、公务员、警察有权执法，他们问你有没有相关牌照，你便无可回应。所以这事情，从以前到现在都是敏感问题来的。

晚报、早报

以前澳门报章有分晚报、早报的，20世纪60年代前已有。香港报一向都有早报、晚报之分，因为香港的报纸较我们澳门的更多元，香港人口也比我们多，以前香港净买报纸已经可以。譬如早报，早上看，到下午有新闻，就看晚报。澳门当年没有那么多信息，只有电视机及收音机，想看香港新闻，那些代理就把香港报寄到澳门售卖。

以前寄到澳门卖的是隔夜香港报，因为以前全部寄大船，要用五六个小时，差不多一夜的。下午5点上船，寄到澳门要凌晨三四点，那就是隔夜，因为那个年代只有大船。20世纪70年代开始，就有水翼船了。那时香港报就变成下午报了，差不多1点就到了。时间早了，就不会变成隔夜的了，不过不是叫早报，而叫"晏报"了，因为1点才到。

到了现在则变成Turbo Jet（喷射船），最初Turbo Jet没有夜班的，所以早上9点至10点才到这里。但到了2000年，开始有夜船，凌晨4点把香港报纸送到港澳码头，于港澳码头坐船到这里，早上7点就有最新的香港早报，我们都在早上到港澳码头那边拿报纸。

至于澳门报纸，我先说《澳门日报》，20世纪六七十年代它第一间报馆在下环街，现在的凯泉湾那边。20世纪80年代它搬迁到白马行，就是现在的星光书店旁。踏入千禧年它就搬到发电厂旁，通常凌晨3点多就有报纸，我们凌晨4点就到那边拿《澳门日报》。

其他澳门报纸都是这样的模式。以前有《澳门日报》《华侨报》《大众报》《市民日报》，以及《星报》这五份报纸，日常运作发行都是这五份报纸，那时是20世纪80年代，后来就萎缩了。因为它们的信息没别人多，还有可能它们的新闻亦没别人多，读者人数开始滑落了，所以现在澳门有读者的报纸只有《澳门日报》和《华侨报》了。

刚刚所讲《澳门日报》就到它的总部拿取，《华侨报》则是在红窗门的总部，模式跟《澳门日报》一样。其他规模小的报纸就集中在《星报》那处拿，在夜呣街那里。各间报馆用车把报纸运到那处，统一在那个位置，我们就不用左走右走了。

20世纪80年代初报纸五角一份

按照我的记忆，报纸20世纪80年代初是五角一份，后来加到一元、一元五角、两元，接着是三元，跟着是四元、五元，只是一份。但到20世纪90年代只有一份加价，就是《澳门日报》，其余的都停留不动，到今时今日都还是停留不动。《华侨报》在20世纪80年代是三元一份，千禧年代还是三元一份。

但它不是加得慢，本身那种报纸已经缺少读者。还有它的纸张，简单来说，先说《澳门日报》，它现在一般出版十多张，最高是十五六张，最低是九张到十张。但《华侨报》呢？最多到五张，最低四张，如果它要加价，简单说，它的生存空间会变小。小报已经全部是两元一份，只有两张纸，没有大数据什么的，又没可能出版到六张纸。如果《华侨报》出版六张纸，两元一份，那些小报纸很快就会没有了。另外，澳门有一样事情是很特别的，就是那些小报纸全部有政府补贴，要不然全都没了。全部是政府补贴的，包括《澳门日报》。

现在澳门销量最好的就是《澳门日报》，老实说没有第二和第三份了。但《澳门日报》在澳门的销量只占百分之五十，因为它有一半是卖到内地的。还有澳门是很古怪的，它的市场被香港报纸占据百分之五十，所以《澳门日报》只可以占澳门市场另外那百分之五十。如果没有香港报纸，它可以占百分之九十九。20世纪80年代和90年代香港最主要是《东方日报》《成报》《新报》这三份报纸，到了现在只有《东方日报》比较好卖。最主要是它的内容多，比其他报纸有竞争能力，有很多数据、传媒及世界性的新闻，所以读者会看。

至于澳门的小报给我们时都是附送，不用钱的。如果不是，你就要用数元买十多份报纸，不如你把它要了好了。我用数元买十多份报纸，放在摊档都不知有什么用，因为到今时今日很多人都习惯是送的。另外，那些小报最主要都是给政府机构，因为有补贴。如果小报没有补贴，就会像香港般。我喜欢它跟香港般，你不行就自动消失，剩下的就是有能力、能适应的，就可以生存。

踏入21世纪开始有买一送一所谓"拍拖报"。譬如你买一份《澳门日报》，会加送一份小报如《星报》《现代报》《正报》，但自从有了《力报》后就送《力报》，因为它直接放在你档口，跟你说如何送出去都可以，且没有寄卖费。读者买什么报都好，我就送一份《力报》。因为这些是免费的，所以你可以拿取。如果你买一份，又想拿一份这个，我就放进去给你，其他的不管。

　　杂志方面，以前的增幅是真增幅，现在的增幅是假增幅。你有没有见过买一本十多元的杂志，还可以多送两本给你？它的印刷费都不止十多元吧。所以现在的杂志叫假增幅。以印刷成本来说，这种杂志起码要二十元，但它一套三册才卖十一元，或一套三册十三元。以前20世纪80年代的时候，一本杂志都要卖四五元，现在才卖十三元还要多送两本，那你说现在的是不是假增幅？它的生存就靠你拼命落广告，我就拼命告诉你有个折头（折扣），总之你这本杂志卖得好就可以了。

　　以前的报纸杂志卖不完就是自己的。未有现在发行商的时候，澳门全部是香港过来代理的，所有报纸杂志没有回收，所以要计算好。初时他给我们杂志，我们通常都要五本至十本，因为要看是否畅销。另外，新出版的杂志会给我们打五折，看是否畅销。如果不畅销，它就会告诉你以五折计数；如果卖到四五期后仍畅销，就可以以实数计。到了2000年以后，才开始有回收。

　　虽然有回收，但也不可以说以前蚀本机会会大一些，因为实数已计算在内。如果像现在般有回收，我就不会算这个数，因为卖不出我全还给你。就好像今时今日的杂志，不畅销的话与我无关，你全拿回去，以前则不是，要自己计算，数目算得很紧的，有两本卖不出去，下期就会跟它说减两本。

谢国财摊档上的报纸和
杂志

若干年后澳门的报摊可能会消失

订阅报纸的，我们都是隔一个月、三个月、半年或一年，就去收一次钱。有些人不喜欢我们每个月都去，就告诉他三个月，有些又说三个月不好，半年再来吧，我们也同意。今时今日订报纸，就一定要送上楼，因为有升降机，跟以前不一样。以前可以放入信箱，因为以前报纸较细份（小份），现在报纸变大了、变厚了，就要送上楼。总之我们跟他说，我们10点前后才送到。即使是打风下雨都照样送，会用胶袋包着，除非它停刊，不然都要送。

掷报纸上楼

20世纪70年代至80年代中期，派报纸会掷上楼的，但到20世纪80年代后期就没有了，因为开始安装花笼（防盗窗），报纸又变大份。20世纪七八十年代《澳门日报》只是四张纸的，在顶头稍微屈曲就可以掷上去，我最高可掷至三楼。但我有些同行可掷至四楼，而且他是边踩单车边掷上去呢，不用停下来的，因为骑楼够长，调较好力度掷上去就可掷到四楼。四楼以上就不行了，要叫订户下来到信箱拿。还有，以前的楼宇最高只有五层，很少像现在一般有十多层。

掷报纸是不用学的，我们那时间都经常失手，就拾起它再掷，你掌握到力度后就可以了。以前一份报纸是很小的，折起来更小，屈起前面就能掷上去，是靠前面的坠力，那个坠力就像曲尺般使报纸飞上去。

有些订户的骑楼不是走马骑楼，是好像现时的小骑楼，或者以前还有有些没有露台的，就在早上7点左右，把篮子吊下来，你把报纸放进去摇两摇，它上面有个铃铛，当当两声他便收回去。

我入行时都有行家用私家车或电单车派报纸，但在那个年代，即20世纪70年代，多数都是骑单车。因为单车较快，且当时路面没有那么多车，动一动它就可以走；是后期车开始多了，又有很多事情要做，才驾驶电单车。

街客和订报客，比例是六比四。为什么呢？因为订报客那边是实数，不会变，但街客会变。比如，如果我今天8点多已全卖掉，我可以再到报馆拿货回来卖，那当天的销量就会增加；但订报客是已固定的，销量也就比较固定。街客多为这一区的熟客和街坊；订报客有公共机构、公司、个人，很平均。

最受欢迎的是娱乐杂志

20世纪60年代到现在最受欢迎的都是娱乐杂志。在20世纪60年代就是邵氏那些影星，《银色报纸》《红绿报纸》《金鹰报纸》等，都是很受欢迎的娱乐读物。澳门到今时今日几乎所有杂志都是香港来的，很少有澳门本土的杂志。

在那个年代来说，娱乐杂志以外稍微多些人买的是军事杂志。以前的报纸跟现在的报纸在印刷方面都有不同的，纸张一样，但20世纪60年代是黑白的。香港20世纪70年代后期才开始有彩色报纸，是一种淡绿色，但只有logo（标志）是这样，里面的全部是黑白的。因为当时的印色没那么先进，到20世纪80年代初就开始有所谓彩色影印了。有彩色影印，才开始有真正意义上的彩色报纸。澳门也是一样。第一代《澳门日报》是黑白的，搬到白马行时才开始有彩色，到现在就计算机化了，因为它现在全部用计算机控制。

突发新闻时还会有号外，如回归那时候，还有国家领导人来的时候就有。但我记忆中很少出号外，好像只有过四五次而已。现在当然较多号外，因为现在号外印刷速度快。

号外是不用钱买的，是派的。在码头派，在关口派。号外还会被放在报摊，例如有些在新马路的报摊开到很晚，就放在那里让别人拿。号外是不收钱的，如果收钱会被别人指责。

报摊最兴盛的时候

澳门报摊最兴盛的时候是20世纪80年代至90年代初。当时没有计算机，没有手机，要获得信息一定要靠看报纸。看了报纸才可以知道全世界的事，此外一定要看新闻。那时候好厉害的，六步一档，我想最兴盛时整个澳门差不多有一千档报摊。现在这个年代我想最多有两百档。一来有些老了退休了，第二代不入行，没有人承接便要退下来；二来澳门在近十年没有新酒楼开张，很多酒楼已关张。没有酒楼，销量一定会下跌，所以没有人入行。做报摊生意要靠酒楼，我们摆档在酒楼隔壁，人们习惯买一份报纸上酒楼享受。

有几次事件发生时报纸是特别好卖的。例如20世纪80年代澳门政府向无证人士发放证件，以及林茂塘大火灾。跟着就是现时三角花园行人天桥下面三个铺位那单新闻，即八仙饭店，也是20世纪80年代。接着就是筹备回归那时候。有那些新闻，就可以多订五十至一百份，因为那些算是澳门的震撼性新闻。现在没太多大新闻了，多数大新闻都是发生在20世纪80年代。以前我们每天订两百份《澳门日报》，到现在是每天订一百六十份。香港报纸就很平均，20世纪80年代时香港报纸会订一百份。

近十年有些大型连锁便利店在澳门开张，它们都有卖报纸，对我们影响很大，因为它是新的，且有纸巾附送。始终有一包纸巾和一个胶袋附送，就算你是老行尊（老行家），都会走过去试一下。还有一样事情：它是24小时服务的，并直接由《澳门日报》报馆车送到店，因此凌晨四五点已有报纸卖。香港报则由这里的代理直接送到店，不需要像我们这样自己去拿。因为它们是在香港计数，只是叫这边的代理送，难道你不做？此外，杂志是全部从香港直接由内港码头送来。

经营最困难时

我们经营最困难时正是便利店刚开业时，大概是十年前，因为便利店在两三年间拉走很多客人。之前澳门是没有便利店的，突然间有几间。那时候夜晚其他地方没有报纸，只有我们这里才有报纸卖的。它们是直接由报馆的车送到店内，我们是凌晨四五点，他们也是凌晨四五点，但总是比我们快。它到店时已是一包纸巾一个胶袋包装好了，我们回来还要自己整理，我们花的时间比它们长。此外当时便利店新兴起的时候，很多人也都会帮衬。

有些行家生意跌了五成，我只跌了两成，因为我们还有派报纸，不是只靠卖。派报纸是有固定收入的，他们没有派只有卖，有时候遇着打风，又没有人帮衬，生意就跌得比较严重。

但我个人就不会效仿便利店的做法附送纸巾，我只可以送胶袋。因为它们的纸巾是有赞助商的，我们没有，我们买回来一包都要三角，我要把成本算上去。我算纸巾加上胶袋成本都要四角，不划算。只送胶袋则只要一角，我觉得问题不大，反正现在的报纸那么厚，杂志又那么重。如果你叫我也送纸巾，我跟你老实讲，你到送纸巾的便利店买吧。

除便利店的影响外，还有电子媒体的影响。这几年电子媒体越来越兴盛，影响一定有的，因为这是最新鲜的事物。不过它的信息虽然快，但只有数段，始终没有报纸那张纸上写得那么详细。

好像你们读大学，都可以用电子书，为什么你们不用？因为电子书只可看一会儿，还有它要算流量，以及电量。但如果在图书馆看厚厚的书，你看一日都可以，没有人管你，反正你看第二本可以，看第三本都可以，这是类似的情景。不过电子书有一样好，找数据最快，比你在图书馆找好，因为它有记忆系统，但如果正式来说，去图书馆看是最好的，资料最多，你找什么都能找到。我认为要从两方面看：想要找数据快就用电子书，一下子就能找到；如果要再深入看，一定要到图书馆，或者买课外书回来自己看，或者上网看都可以。

电子媒体在澳门来说是属于最新的事物，20世纪90年代和21世纪出生的人比较容易接受。20世纪80年代及之前出生的人不是不接受，但想蛇王（偷懒）的，就要靠买份报纸了。这样的事情是亚洲人的习惯，其实那张纸是给你用来休息的，不是用来工作的。譬如，有十五分钟时间我就拿着报纸看十五分钟，那就叫作休息，或者我拿着小睡一会儿，没有人见到我的，对不对？电子媒体跟便利店比较起来，便利店的影响会更大，因为便利店有杂志卖，电子媒体是看不到那么多的。

报摊的趋势你说它好、坏都可以。为什么呢？人始终要生活，原有的生活方式不会式微至完全消失，最多是个个都转型，看如何转型而已。因为没有第二代入行，它始终是差一点。另外政府发的牌照是世袭式的，如果你不经营，儿子也不愿意经营，牌照便要归还政府。因为我们的是流动小贩牌，牌照没了就不可以摆档。

若干年后澳门的报摊可能会消失

看若干年后什么年代，澳门的报摊可能会消失，变成由便利店经营。除非政府开绿灯，允许其他人经营。因为这件事我们都要靠政府开绿灯，鼓励新人入行。我们现在卖报纸必须有小贩牌照，没有小贩牌照民政总署可随时拘捕你。如果政府肯开绿灯，谁人入行就发牌，那报摊就可以生存。譬如我不再经营，牌照就必须还给政府。你不经营的话牌照就归政府不会归别人的，因为它不会让你随意转给第二个人，如果可以随意转，你想做我就给你做，就不会存在这些问题，但政府到今时今日都不可以。这个制度从来没有改，有很多人反映，但政府告诉你只可以收牌。

经营报摊多年，打风时候令我印象特别深刻。因为以前规定，如挂三号风球，就要等香港报纸运送过来，而澳门的报纸则不用等的。我们会在港澳码头等待，等代理商告知这艘船有没有运送报纸，如这艘船没有，我们就要等下一艘船，可能从下午1点等到傍晚6点。而傍晚6点会有晚报运送来，早报可能会跟晚报一起来。因为以前的水翼船在挂三号风球时就会停航，要等到落风球后才有航班。

最难忘的还有赛车时。以前赛车会封跑道的，只有一条行人天桥可走，由葡京走到对面，那是搭建的天桥。赛车都是举行四天的，不会有其他车开到里面，那时有内部的士，我们要由码头托报纸到的士站那里，用的士把报纸载到葡京对面的行人天桥，再由那里把报纸托到自己的私家车上。一年最有趣的就是那四天，也是最辛苦的四天，差不多整年的功夫都是那四天做完。到现在就不用那么麻烦了，20世纪90年代后有行车天桥，但那时候没有。

自经营以来没有发生什么被人骚扰等惊险事，水浸倒是常常有，因为澳门水浸最多了。我们是只是帮别人发放消息，报纸上写什么我们帮你卖出去让别人看，所以那些非法行为其实对我们来说是没有影响的。

一年工作361日

我们周一至周日都要工作，一年只有四天假期，就是年初一至初四，那四天就可以休息，平时一年要工作361日。以前《澳门日报》十月一日休息、五月一日休息、一月一日休息、初二初三休息，但不知为何到了千禧年，《澳门日报》开始不停印了，每天都有。这样我们就只有初一至初四这几天休息。那几天订户就没有报纸看了。

作息时间方面，以我个人来说，以前通常下班回家后先洗澡，再小睡，调较闹钟傍晚5点起来，到街上找朋友聊聊天，吃点东西，或跟他们到周围逛逛。做这份工作已很枯燥，休息时间一定要充实自己的生活，这样才可平衡。例如下午跟别人打麻雀，唱卡拉OK，耍乐一下。但我们是不想与同行人有太多接触的，因为你跟同行人接触，谈及的都不会好。跟外行人接触，谈及的会更好，因为这样才没有抵触，亦没有摩擦。跟同行人说话一定要有避忌，因为一定会想他将来会不会说我的坏话与是非。但跟行外人你说什么都可以，因为工作上没有交集，说话都可以大声点，大家都不互相揣测。

苦与乐

你问我为何那么辛苦还要坚持做这行，其实这件事是见仁见智。未做过一件事你不会知道做这件事的苦与乐在哪里，当你做了你就会觉得它很有挑战性。你未试过在挂八号风球时踩着单车去派报纸，也没有试过挂八号风球时在码头等一日一夜的报纸，更未试过封跑道时走到很远的地方把报纸一直托到我们的地方，这些事很难说的。这些叫苦与乐，已做惯了。像我这种年纪，你叫我到外面做什么？我跟30多岁的人不一样,30多岁的话到外面做什么都可以。有人说"做惯乞食懒做官"，现在你看我以为我只工作半日，其实我凌晨开工，下午2点收工，已经差不多叫一日了，只不过别人不知道我是凌晨开工。

总之，做惯了你会觉得挺不错，但亦会觉得很苦，苦完了又觉得挺有趣。刚做的时候你觉得挺新鲜，但后来它把你绑着了很困身，你就会觉得真可怜，再做就会觉得街坊老友常过来聊天，大家坐在档里谈天说地，也挺有趣。像我这般，有时老朋友过来开两支啤酒边喝边卖，甜酸苦辣都有。不过报摊就一定是困身的，全世界做哪一行都不一定困身，只是做报摊一定困身。传媒业就是这样，因为一年365天都有新闻。就像记者般，你有没有见过他们休息？

谢国财与采访者合影

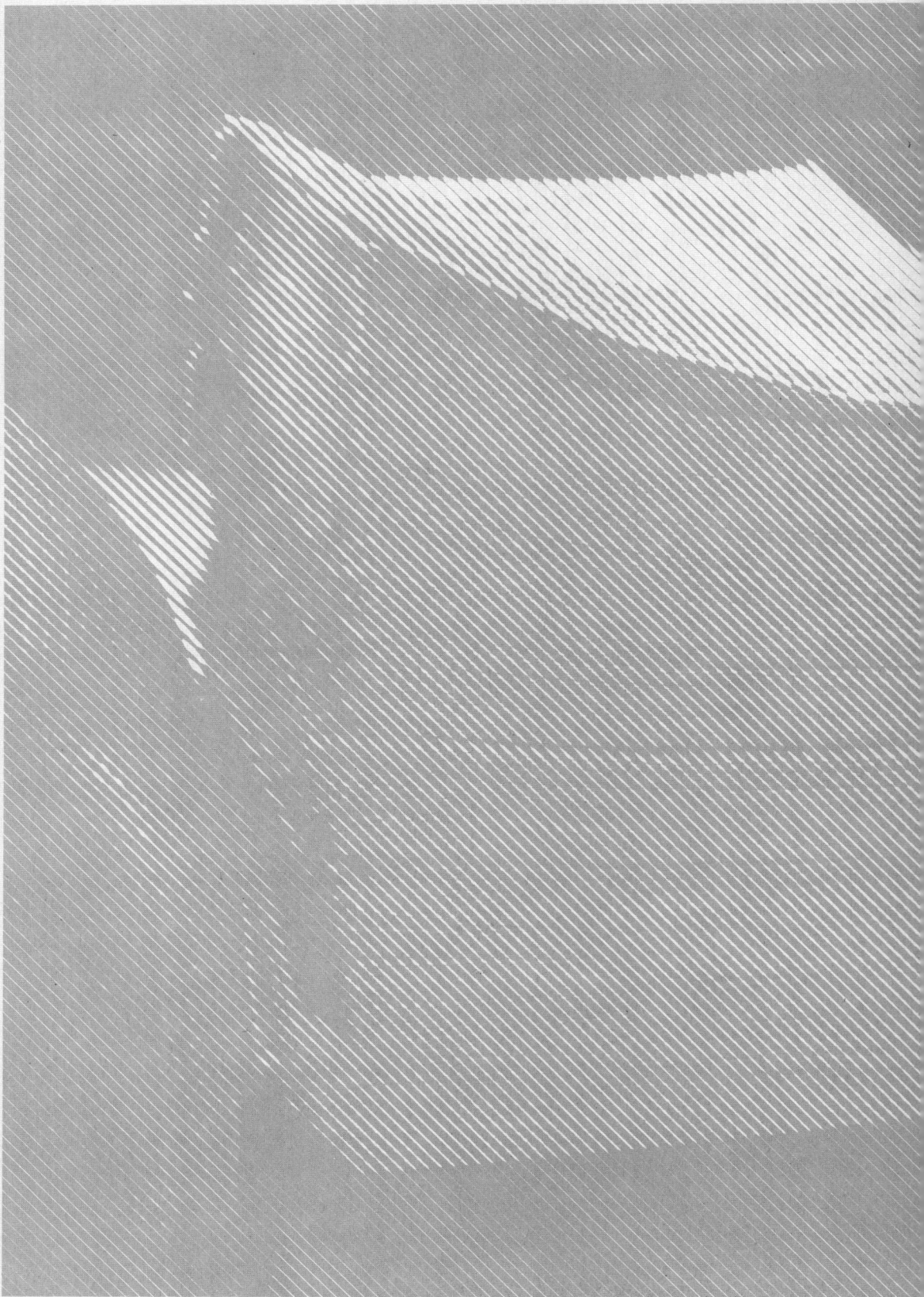

20世纪90年代报业最辉煌

陈志成 麦惠枝 口述

戴祖惠 整理

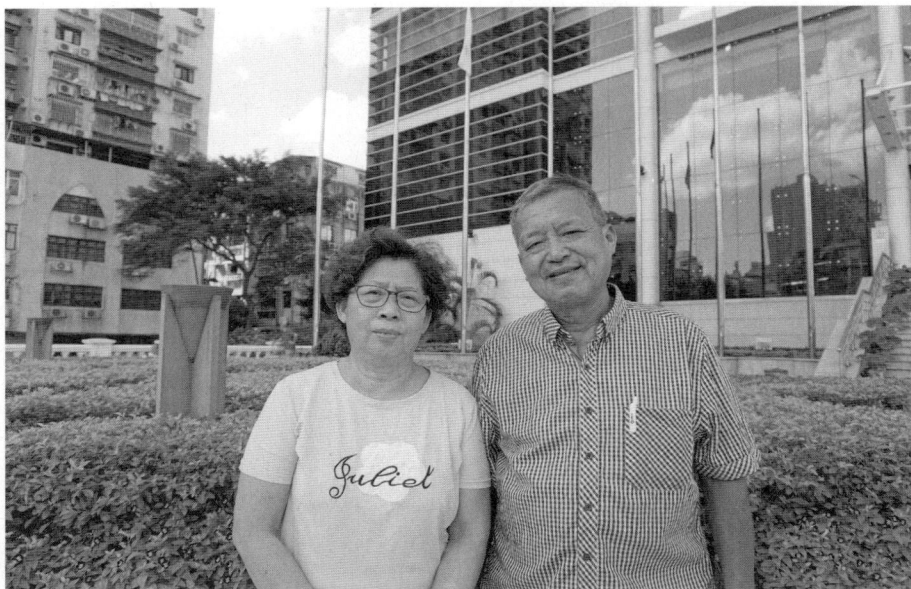

陈志成与妻子麦惠枝

陈志成，1967年开始派报纸。1975年结婚，夫妻俩共同打理报摊至今。

　　我由1967年开始接触报贩业，即派报纸。因为家庭生活艰难，想读书就要帮补家计。我当时读濠江中学，很多同学跟我一样会兼职派报纸。我每天从凌晨5点开始派报纸，至早上8点便回校上课，工资也有60元一个月，当时两毫已经可以买一杯咖啡，所以人工（薪酬）算不错。记得读中五（高二）时，我投放了许多时间在派报纸上，早上派澳门报，中午派香港报，夜晚派晚报，每月平均也有两三百元。这一行是多劳多得，你勤力做全职，月薪也有600元，相对当时教书一月240元高许多，所以中学毕业后我直接投身这一行。我起初是给人打工，直到1975年结婚的时候才当上老板。

　　以前派报多是骑单车，左右两边挂帆布袋放报纸，前后同样也会放，我想有百多斤吧！骑惯了，只要两边平衡就不会有问题。一趟可以载200多份报纸，最高峰要跑三四趟。我记得高士德、雅廉坊那里是两至五层高的楼房，街道很阔，将报纸一抛便能抛到五楼客人的露台。抛报纸准确是靠工多艺熟，我曾许多次打破别人的东西，如玻璃窗、花瓶、暖水壶。一听见"劈哩啪啦"的声音，我就立即走人。当客人见到老板时便会发牢骚，但老板人很好，他会对客人说："我们派报纸怎么会知道你们家放了什么东西，难道你说扔烂了个古董花瓶，我们就赔你一个古董花瓶吗？"

报纸代理

　　20世纪70年代买报纸要透过代理，不是直接从报社订，当时《澳门日报》的代理是李康记，李康记跟卖豆腐花那家没有关系，只是名字相同。

李康记办公室位于六国茶楼对面，负责发报纸给报贩及客户。李康记聘请了七个员工负责派报纸，每人大约负责300份报纸，他们会另外请学生、青年人帮忙派报。除了派报，每月亦需要向订户收取报纸费，我们这些学生为补家计，除了派报纸，亦会帮忙收报纸费，每收一区就有20元。

后来，李康记的老板年纪大不做了，《澳门日报》就自己做代理，同时李康记把2000多个客户交接给《澳门日报》。但报馆没有那么多人手去做，便直接问有没有人想做，让我们在《澳门日报》取货，自负盈亏做老板。所以我就在李康记手上接了200多份报纸的订单，慢慢开始当老板。但这一行跟卖水果不同，不能赊账，报纸是每天清，你给了钱才可以拿货。所以做这一行本钱要够，本钱少的话根本做不了。不过，你本钱多但是你卖报纸数量少，同样不行。

当时我除了卖澳门报还卖香港报。但我刚开始做的时候还没有喷射船，所以香港的报纸都是靠大来、德星、佛山这些大船运来澳门五号码头。这些船到达澳门时差不多是晚上，就由代理把货运到喷水池集中发货。当时香港报的代理有郑祥记、郑同记、梁东记、谭东记。说到销量，虽然当时香港报比澳门报贵不少，但销量仍比澳门报高。

后来开始用喷射船运送时，不像现在那样一早把报纸运过来，而是分几艘船运过来，即下午1点来一部分，下午3点又来一部分。所以当时我们早上派完澳门报，便要去拿第一轮的香港报，然后晚上又要派晚报，工时很长，差不多一天工作16小时。

辛苦工作的报贩

虽然当时澳门的报馆一年有六天假期：五一劳动节、国庆、元旦，还有春节三日假，但香港报是长年无休，所以我一星期七天都没有休息。想一想，我差不多有40年没有休息过，每天都要工作。我们的客人又比较特殊，多是公职人员、酒店，都是常年营业的，难道有报纸都不给人派吗？现在好很多，不用分那么多次去取报纸，而且很多晚报，如《新晚报》《明晚报》《华侨晚报》《星岛晚报》在一二十年前都倒闭了。

我听一些行家讲，在20世纪60年代初期，当时我还未入行，报纸监管颇为严格，香港来的报纸都要运去登记局，即现在摆华巷的黄屋仔那里检查。如果有什么不妥就要涂掉。所以每人会准备好笔，开足马力逐份逐份把不妥的地方涂掉。到我做的时候已经没有这规定了。

辉煌时期

20世纪90年代是报业最辉煌的日子，因为社会开始发展，赌场吸引了许多旅客，人们的生活水平变高，所以澳门报纸亦开始加价。虽然20世纪80年代初已开始加价，但那时加一毫只是多赚几分钱而已，到后来从三毫加到五毫，五毫加到一元，一元加到两元，两元加到三元，三元加到四元，四元加到五元，升幅就大很多。因为报纸从定价由两毫开始就是给报贩六折，即两毫定价，一毫两仙是报馆收取的价格，报贩可赚八仙。不要看小那一两毫，实际那个数目很厉害。例如一份报纸零售价为五毫，报馆实收三毫，我们便可赚两毫，所以报纸加价的同时，收入升幅亦很厉害。

工作中的陈志成

随着报业辉煌，我的报纸生意越做越大，我一个人做不来，我老婆就辞去工厂的工作帮忙派报纸，派着派着就40年。结婚第二年，有朋友把位于喷水池瑞昌找换店前转角位的报摊让给我们做。做报摊有很多规定，除了要申请牌照，报摊大小亦有限制，收档时更要把所有东西推走，不能留东西在那里。所以大部分档主会跟人分租十八间那些地铺，把整个摊档推到里面。现在仍有的，因为那些地铺没有人租来做生意，便只好做货仓，把货物放在那里。

那时我负责派报纸，老婆负责看报摊。当时戏院有头场、二场和三场，所以报摊要从早上5点做到晚上10点才收档。报摊除了卖港澳报纸，亦有卖杂志、纸巾和香烟。虽然当时澳门及香港共有30多种报纸供人选择，但在档口，报纸销量不是很好，反而是杂志，特别是色情杂志，晚上很多人买，其次是烟仔（香烟）。我们做了一年后，觉得用那么多时间和人力却没有派报纸赚得多，便没有做了。

但当时有人话（说）在酒楼旁经营的报摊，比酒楼赚得更多。因为大部分人走过都会买报纸、杂志，那时每一间酒楼门口都有数间报摊。后来更衍生出租报纸服务，客人可以在报摊随意拿一份报纸看，看完还给报摊可再拿另一份看，而只需付第二份报纸的钱。如你只看不买就放下少少钱，大约是成本价，即两元的报纸只需放下一元或五毫。后来爆发"沙士"（非典），许多酒楼倒闭，报摊才相继收摊。同时赌权开放后，经济起飞，好多人觉得到赌场工作收入高，都可以有万多收入，所以许多人进了赌场工作。

虽说20世纪90年代是报业最辉煌的日子，但仍有许多因素影响报纸销量。如赌权还未开放时，澳门地产非常低落，突然好多地产铺倒闭，每日变相少了两三百份报纸的销量。我记得当时我最低纪录每日只有600多份报纸销量，碰巧当时报纸开始起价，所以营利没有减少。但后来政府有"龙的行动"，让大批内地人可以在跑狗场登记，领取澳门身份证。他们大部分没有技术、知识，唯有做卖报纸、派报纸的工作，因此多了许多人进入我们这一行。另外有些做管理员的福建人会特意关照自己的同乡，把要订报的住户介绍给自己同乡。因为好多卖报纸的会把报纸放到管理处，并跟管理员商讨好卖了多少份便互相对拆（分成）多少。现在仍会有这些做法，不过较以前少。

因为竞争大了，我老婆建议做远少少（拓展到稍远一点的地方），送去氹仔的学校，如氹仔濠江中学，所以我就去学车，把市场拓展到氹仔、路环，销量提升了许多。同时因为信息发达，网络上什么都可以看，很少人看报纸了，我们少了很多散客。但政府部门、学校和机关仍会订购报纸看新闻，所以现在我们主要做政府部门和学校的生意。

众所周知，与政府做生意，都一定要有商业登记，但当时的报贩大多数都没有做商业登记，除非有报摊，便有商业登记小贩牌照，而其余大部分报贩都是自己派报，觉得没有必要麻烦，便没有做登记。所以当时很多政府部门都是找我派报纸，直到现在。

我现在收入相对稳定，比一般的打工仔多。做这一行，年轻时可以做很多，但年纪大收入相对会减少。别人打工，退休有退休金，但我们这一行是没有的，所以我经常跟报贩讲，你不要有多少使（用）多少，别人年

辛苦工作的陈志成

纪大了有退休金，不用做都有一些钱，但我们得靠自己储。而且这一行很难转行，因为没有经验，别人未必会出同样的工资请你。

我们夫妻俩现在一个月赚六万多，但现在没可能有人会每月花三万元请我去工作。所以我从不要求子女投身这一行，只希望他们多读点书。子女都出身（独立）后，我们也是半做半休息，请帮工，有客来便做，少了客人亦不会担忧，不会对钱银特别紧张，逐份计算。

派报辛苦

　　每一年的赛车期间生意最惨。刚才都有讲，代理通常会把报纸运到喷水池，但赛车时澳门很多路都封住了，所以我们要从葡京新翼临时搭的竹天桥，经过中银大厦，由新马路把报纸一直推去喷水池。因为喷水池那里才有地方让我们"套纸"，即把不同版面的报纸叠成一份完整的报纸。当时的印刷机不会自动把报纸叠好，需要用人手逐份逐份把封面、副刊等叠在一起，所以运送时会分开，不同版面为一叠。一叠有100份报纸，例如《东方报》分有五个版，所以就有五叠100份的报纸；那如果你有十种

叠好的报纸

报纸，即要运送很多叠。当时我负责派本地报纸，我老婆负责到码头搬报纸，很辛苦。她有时候见到一些老人家搬不动，还会帮忙搬。

除了赛车期间特别辛苦，打风时也十分凄凉，本地报纸即使打十号台风还是要派，最多等风势没有那么猛烈时再送。我犹记得香港"六一八"雨灾（1972年6月18日因为持续暴雨而导致山泥倾泻的严重灾难事故）时，雨势十分厉害，当天本应上午10点收工，但因为雨太大，到下午三四点还未把报纸派完。每次有台风、下雨我们便很担忧，曾有一次下大雨，鞋子湿透、烂掉，我还要光着脚板派报纸。每次下雨我都会找一些不会被水浸、没有那么塞车的路送报纸，或是等雨细（小）一点才送，即使送到上午10点，也一定要把报纸交到客人手中。

印象最深刻的事

从事这一行那么多年，印象最深刻的事情是有两次和代理商商讨报纸价格，这在行内是非常大事情。那是在回归后，英国《金融时报》和《泰晤士报》，两家报社争销量而斗减价，从一份五元减到三元，再减到两元。我当时是报贩联谊会的书记（秘书），于是便跟他们讨论："你们两间报社斗销量，大扔钱，但我们报贩也要吃饭的。你们减价至一元一份报纸，我们只可赚三毫一份，要我们如何维持生计？"我当时赚的钱连员工的工资、运输费都不够付。我便跟他们要求，即使你减价减到免费也好，都要补贴我们还没减价前所赚得的金额，即一份报纸赚两元的钱。最后我们跟两间公司达成共识，争取到了基本的补贴。

　　第二件事是澳门的香港报代理因运费上涨，向报贩加收运费，但报馆没有公开加价，我们本身是不能多收客人钱的，而报馆更没理由从报贩身上收取，所以我们就跟代理争论。于是我建议，把香港报原本收的五毫运费统一升至一元，所以现在原价六元的香港报是卖七元，这个定价法是我想出来的。

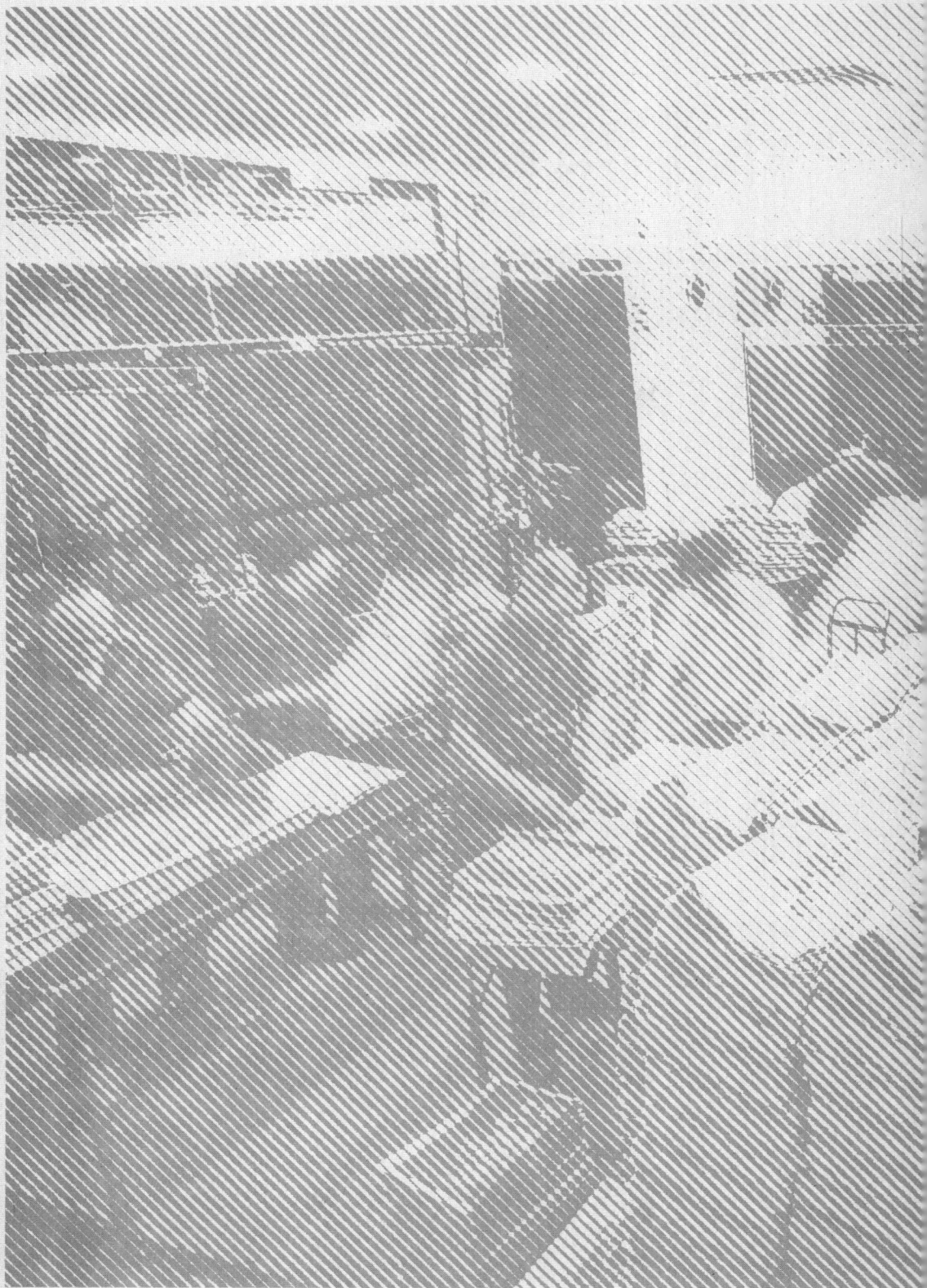

敬业报人

王选民　口述

甄宗明　整理

王选民

王选民，澳门日报社发行部经理。1989年入职澳门日报社，听闻发行那边人手不足，于是申请调职，一直工作至今。

从初入行到兴盛期

我如今年过60，现任澳门日报社发行部经理，进入报纸行业已经27年了。1989年，我听朋友说澳门日报社需要请夜班司机，便抱着尝试的心态去应聘，谁知一周后就接到被录取的通知。后来听闻发行那边人手不足，于是申请调职，在发行部一直工作到现在。

我刚入职的时候，全澳到澳门日报社取报的报贩有100多个，可以说是报贩人数最多的时期，现在只剩下70多个。因为在20世纪80年代，澳门来了很多新移民，他们当中部分人不会说广东话，最好的工作选择就是做报贩，一张凳子加一个纸箱就可以谋生，所以那时报贩业兴盛。

20多年前，每份报纸张数不是太多，只有八九张，分两次印刷，就是说用两框纸去印刷。那时发行课（即发行部门）有八个人，人手不是太多。随着报纸业的发展，至1999年澳门回归时，每份报纸有13叠39张156版，创《澳门日报》出版及发行的最高纪录，发行课从业员增加到15人。如今部分同事荣休，再加上部分运输工作外判，发行课从业员减少到现在的九人。

总的来说，现在虽然人数减少，但工作量也减轻了很多。在我的记忆中，1999年是澳门报纸业发展的高峰时期，发行量及出纸量也达到最高峰。这一年正赶上澳门回归，内地、香港等地的人都想看澳门的报纸。

派筹取报生矛盾

在正常情况下，印刷机不可能一次性把所有报纸整份印刷完成，按照现时设备，每天至少要印刷三次，即一个艺海版，一个体育版，一个新闻版，三个版套在一起才成为一份完整的报纸。艺海版晚上11点开始印刷，体育版凌晨1点开始印刷，新闻版差不多凌晨3点印刷，时间大致就是这样。报社员工要把三次印好的报纸套在一起，才成为一份完整的报纸。

在我的记忆中，以往在白马行旧报社（即澳门日报社旧址），一份报

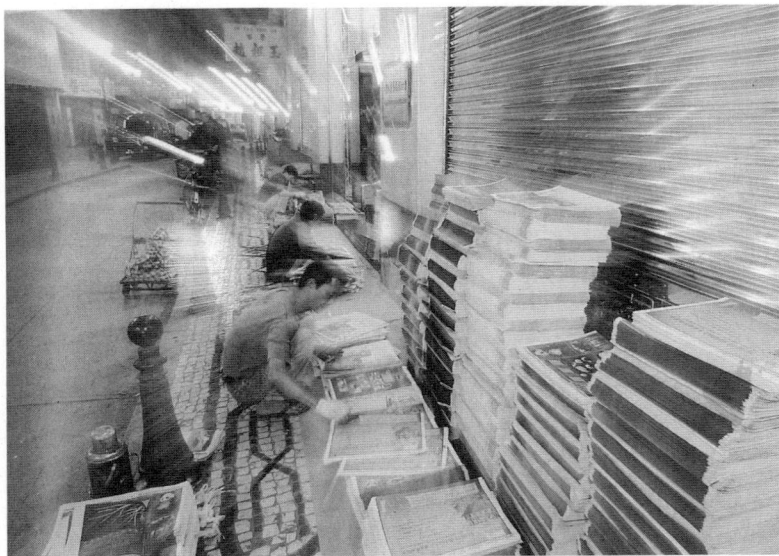

深夜寂静的白马行37号（澳门日报社旧址），报贩在忙碌中。图片来源：《我们——〈澳门日报〉五十年成长足迹》，澳门：澳门日报出版社，2008年

纸通常都要分五次印刷，多则分八次印刷，工作量较大，经常要拖到清晨5点才能把新闻版发出去。所以在旧报社时，要先派筹轮候（轮流等候）取报。有一段时间更离谱，报贩之间为争头筹，前一天中午已经有人搬了凳仔（凳子）坐在发行课门口等派筹，一旦出报有迟，就会与报贩产生矛盾。现在已经没有这种现象了，报贩凌晨3点来取报纸时，基本上即到即取，不用再等候。

号外速度快获赞

《澳门日报》所出版的号外，多由报社发行部门员工派送，只有一小部分由报贩派送。每当要出号外时，我们就会把发行课同事分成几组，安排大家到人流量大的地点免费派送。

自我入职澳门日报社至今，报社共出了七次号外。第一次是1997年7月1日，香港回归祖国；第二次是1999年5月15日，何厚铧当选澳门特首；第三、四次就是1999年12月澳门回归，20日凌晨1点就出澳门回归报道，隔天下午2点就出解放军进驻澳门报道；2004年8月29日特首何厚铧连任也出过号外。另外两次分别是：2009年7月26日新特首崔世安当选，2014年8月31日特首崔世安连任。

总共出了这七次号外，其中我印象最深的号外是何厚铧当选特首那次。那时委员们还在会场内开会，《澳门日报》的号外在散会前，已送到他们手上。他们十分惊讶，都称赞《澳门日报》的速度快。

《澳门日报》出版的号外。图片来源：《新征程：〈澳门日报〉创刊五十五周年》，澳门：澳门日报出版社，2013年

"三更制"运报销全国

　　《澳门日报》发行课员工现时主要分三个更次上班。晚上11点上班的同事，主要把印刷车间印刷好的报纸运到发行课存放报纸的地方；凌晨2点30分上班的同事，先把已印刷好的报纸及最后印刷好的新闻版发给报贩。我每天凌晨3点做完前面的工作回来后，首先是打包要运去香港的报

纸，因为出发到香港的船每天凌晨4点是清晨前的最后一班，一定要在凌晨3点30分前将报纸送到港澳码头。如果赶不上凌晨4点那班船，就要等到清晨6点了，若等到早上7点报纸才运到香港，那就有些说不过去。

等到清晨6点，澳门日报社有一辆专车将报纸经拱北口岸送到珠海，交给内地的代理——中国图书进出口总公司，之后，他们就会用车、船、飞机等交通运输工具，把报纸分发到全国各地。

发行课的同事为了将报纸分发出去在紧张地忙碌着。图片来源：《我们——〈澳门日报〉五十年成长足迹》，澳门：澳门日报出版社，2008年

拥有忠实读者

　　《澳门日报》，澳门人习惯简称"澳日"。网络媒体出现后，对纸媒产生了巨大影响，这是一个世界性问题，不过就澳门而言，我觉得纸媒出版的情况尚算乐观。因为"澳日"本身已拥有一批忠实读者，这些读者十分支持报社的发展，这对于报社来说是十分重要的。举例来说，现在每天凌晨3点发行报纸之际，就已经有几辆汽车停在澳门日报社门前，他们是专门等着买第一批印刷完成的《澳门日报》，这是十分难得的。《澳门日报》现在还是澳门第一大报，销量约占澳门报纸总销量的百分之八十以上，这是其他报纸无法企及的。《澳门日报》也是澳门唯一可以派上飞机的报纸，澳门其他报纸没有一种可以做到。

《澳门日报》报头

鱼水关系 一视同仁

我在澳门日报社工作有27年了，回头看去，我与报贩关系还算融洽。要知道，报社与报贩的关系，就是鱼跟水的关系，谁也离不开谁，所以我们都是互相尊重，一视同仁。遇到报贩有困难，我们报社员工都会替他们解决，例如向政府部门申请执照、写证明等，报社能帮到忙，一定会协助。

我记得一件悲惨的事：有一位报贩在送报途中不幸遇到车祸，在新马路那儿身亡。他是一家之主，上有老，下有小，生活比较困难。这件事发生后，我们除了送他的家人一些慰问金，报社也派了记者到他家中了解情况，这位记者还写了一篇专访，呼吁社会爱心人士帮助他的家庭，募集了一些善款，用以协助他的家庭渡过难关。

接班问题让人伤脑筋

澳门日报社发行部其实现在面临青黄不接的问题，这是令我十分忧心的事情。主要是现时青年人认为做报纸发行比较辛苦，不愿意入行。凌晨1点至清晨5点之间，这是人睡眠最好的时间，而发行部门在这段时间是最忙碌的。报纸媒体从业员即使挂台风八号风球也要上班，风雨交加也要到外面派送报纸，把当天报纸送到澳门各大酒店，7-11等便利店。唉，报社员工都是做辛苦工作，自身毅力不够的话，是很难坚持完成这份工作的。你首先要三更半夜起床，凌晨2点就要到工作岗位，一直做到天亮。不仅报社发行从业员如此，报贩的情况也相同。

报贩正在赶时间将新鲜出炉的报纸送到销售点。图片来源：《我们——〈澳门日报〉五十年成长足迹》，澳门：澳门日报出版社，2008年

青年人很少愿意入行。有些父辈做报摊，等到父辈年老退休后，青年一代也不愿意接班。如果是在过去，有些报贩不做了，可以找其他人顶手，给一些顶手费就可以维持原来的报摊，现在就算付顶手费，也没有人愿意接这个报摊，结果就是报摊结业。不过报贩零售这一项暂时还可以解决，因为7-11、OK便利店也能够帮报社分担部分零售销量。

利润提成　四六分账

说到与报贩利润分配的问题，我主要是听老辈同事说，过去在澳门有一个报业公会，公会与报贩之间达成协议，大家是四六分账，报贩是四成，澳门日报社是六成。例如，一份报纸的利润是三元，报贩就拿一点二元，报社拿一点八元。这个利润与香港相比，已经算是很好的了。相对而言，香港的报纸零售利润比较少，香港的报贩就曾经因此与当地的报社发生冲突，出现"罢卖"的情况。

《澳门日报》发行价由我入行时的一点二元，涨到现在的三元，零售价也由一点八元涨到现在的五元，最后一次调整价钱是在2011年3月，零售价由当时的四元调整到五元。

前人教诲　铭记于心

我个人也没有特别的嗜好，主要是回家听音乐、做运动，运动主要是游泳、打羽毛球等。此外，我每年都外出旅行一次。

说起我对澳门报贩的印象，其实都差不多，但对年纪大一些的报贩印象就比较深刻，他们有些都有八十岁了。这批长者每天凌晨都拖着手推车，非常准时地到报社取报纸，他们的精神令人敬佩。他们中有人曾对我说，不是太注重金钱，主要是可借此做一会儿运动，将卖报纸的工作当作晨运。

　　在报社做了这么多年，就我自己的工作来说，我认为发行课主管是比较难当的：平时要多积累经验，对外交往中要注意与客户打好交道，还要管理好自己的团队。

　　现时报社发行课有两位副经理，他们本身也经验充足，我退休以后，会把工作交给他们，相信他们一定会把报纸发行团队搞得更好。

　　最重要的是，我们要记着澳门日报社已故董事长李成俊曾经对我们的教导：做一个部门主管，一定要以身作则，敢于承担，做每件事情都要走在最前面，才可以把团队带领好。

　　我一直把此番话铭记在心。

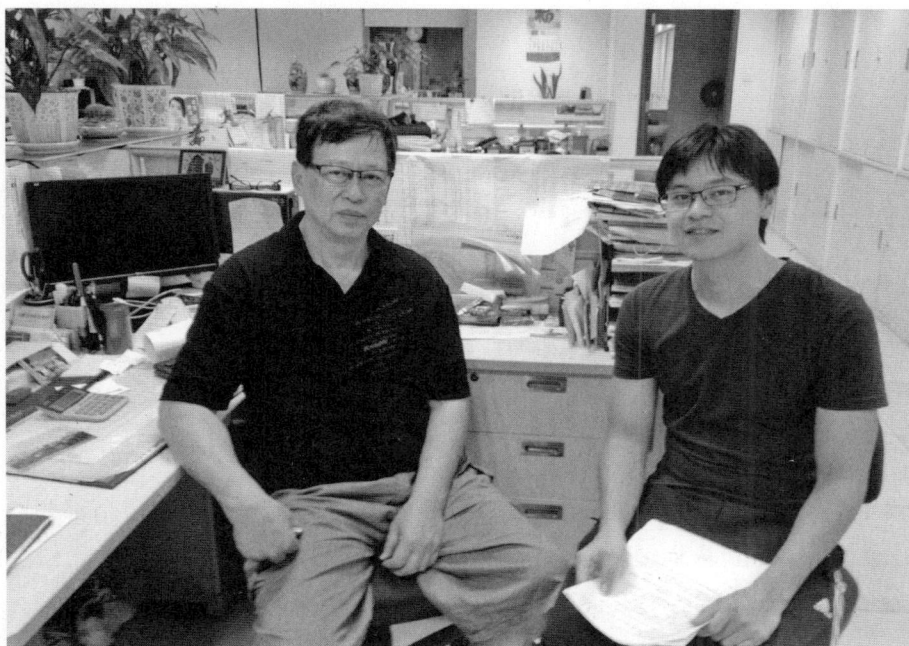

王选民与采访者合影

附录：口述历史资料

主要受访者	出生年份	访谈日期	受访时年龄	访谈地点	访谈员	协调员
谢焕强	1949 年	2016.8.6	67 岁	福荣里 9 号文化公所	罗苑琪	阮世豪
陈瑞琼	1949 年	2016.7.30	67 岁	下环街新苗超市门口18 号摊档	骆嘉怡	邝芷琪
钟永国	1957 年	2016.7.24	59 岁	俾利喇街 45—49 号联兴针织厂 5 楼口述历史协会	甄桂芳	骆嘉怡
何乃煊	不详	2016.8.10	50 多岁	福荣里 9 号文化公所	邝子欣	
林沛荣	1961 年	2016.8.6	55 岁	十月初五日街南屏雅叙门口	李颖桐	杜智泉、胡雅琳
谢国财	1966 年	2016.7.31	50 岁	澳门提督马路 98 号庆记茶餐厅	杜智泉	李颖桐、骆嘉怡
陈志成	1950 年	2016.9.8	66 岁	雀仔园迪士尼茶餐厅	戴祖惠	胡雅琳
王选民	20 世纪50 年代	2016.10.13	60 多岁	澳门日报社大楼	甄宗明	